WRA

CW01662571

DINGEMAN KUILMAN

Wrakgenoten

Verklaarde gedichten

2014 PROMETHEUS AMSTERDAM

Just in time words that rhyme
Well bless your soul

Bruce Johnson, 'Disney Girls'

ALS EEN VOGEL STERFT

naar Ivan Zjdanov

Als een vogel sterft,
weent in hem de kogel,
want hij wilde zo graag
vliegen als een vogel.

DE ARKE DES BEHOUDS

Zee is verkreukeld water.
Rotsen glanzen als kandij.
Een klein fregat maakt slagzij.

Wind laat de zeilen doelloos
hangen. Er staat geen matroos
melancholiek aan de reling.

Boven diens lege silhouet
omzweven putti een portret
van de verveelde Admiraal.

BERICHT

Bij sloopwerkzaamheden in Leiden
(het ging om een scheefgezakt pand
dat opnieuw zal worden opgebouwd)
vond een van de werkers tussen sloophout
kindertekeningen van Rembrandt.
Over de authenticiteit wordt getwist.

BRUEGEL: DE VAL VAN ICARUS

Het schip bereikte voor de avond
de sprookjesstad. Alle schapen
werden naar hun kooi gedreven.
De herder zag die nacht zijn hond
hoog om een kudde wolken zweven.
De boer, hij zakte in de grond.
Een paardenkop stak als een steven
met gele manen uit de grond.
Toen was de hengelaar verdwenen,
naar men zegt, met lege handen.
Niemand leeft een eeuwig leven
of de zon hield op te branden.

CAITWICK

We leden schipbreuk toentertijd.
De dagen op het stoompaleis
schenen met grote stelligheid
voorbij.

De sloep waarin we, wit als krijt,
belandden, faalde riem en zeil.
Maar ons rantsoen gaf kort respijt.

Vrouw en kinderen, allen kwijt
en alles kwijt, behoudens lijf
en ziel (zoals de dood hen scheidt).

CIRCUS IN VENETIË

De zondvloed was opnieuw voorbij.
Ten langen leste landden wij:
de duiven vrij, de leeuw gekooid,
de waterspiegel kalm geplooid.
Terstond verscheen de regenboog.
De tent verhief zich huizenhoog
en hoger zelfs, de vlag in top.
We hingen rondom slingers op.
In optocht ging het over straat,
jongleur, dompteur en acrobaat.
De clown keek angstig om zich heen.
De dogenstad werd dodenstad:
we waren moederziel alleen.

DAYLESFORD

I

Ik heb je nooit gekend.
Toen ik je verwachtte, verscheen je niet.
Je bent hier nooit geweest.

Je naam staat niet vermeld.
Het gastenboek vertoont geen spoor,
geen schrapping, geen verloren vel.

Maar de hond herkent je wel.
In volle vaart, zijn kwispelstaart
wordt door geblaf voorafgegaan

tot waar het hek de oprijlaan
besluit. Wij komen er niet uit.
Het schemert om de bomen.

II

Oranjerood en kogelrond,
een zon gelijk, zo rees de maan.
Toen brokkelde zijn omtrek af,
het werd doodstil, ook het geblaf

ter hoogte van de oprijlaan
hield op. Alsof de grond het huis
geheel omsloot, de kamers vulde.
Alsof men zweeg met volle mond.

De maan verdween, een wolkendek
onttrok de sterren aan het zicht.
De wereld met mijn ogen dicht

was even zwart. Ik nam de vlucht.
Geen mens bemerkte mijn vertrek.
De hond lag roerloos bij het hek.

III

Tegen de helling rust het dorp.
De huizen vormen daags een lint,
een fakkeloptocht elke nacht.

Dat dacht tenminste ik als kind.
Ik zag de fakkels uit mijn raam
gedragen in de rondte gaan.

Niet nu. Ik vluchtte. Deze nacht
zou als geblakerd door een vuur
de blauwe hemel donker zijn.

Het was een onherbergzaam uur.
Mijn blikveld was een kolenmijn.
Ik volgde struikelend het pad.

IV

Een spiegel werkt niet zonder licht.
Bij toverslag hing mijn gezicht
zo'n meter tegenover mij.
Het volgde hinderlijk mijn blik.

Wanneer ik sprak dan sprak het ook
en uit zijn ogen sprak de schrik:
wie van ons beiden was het spook?
Als ik het was – wie doodde mij?

De hemel was beroet azuur.
Het was ijskoud. Ik droeg geen jas.
Ik duizelde en toch mijn pas

vertraagde niet.
Nu daalde ik, dan steeg ik weer.
De wereld golfde op en neer.

v

De dagen zullen zeeën zijn
tot ik je gevonden heb,
de nachten nacht op zee.
Ik ben het schip dat eeuwenlang

en zonder doel de ronde doet,
die boot die niet bestaat.
Maar de mythe kruipt als bloed
en meeuwen zwenken mee.

Maar kom nu terug
en zeg: ‘Ik hield me maar verborgen.
Ik wilde wachten tot de morgen,
dan kom ik terug.’

VI

Ik heb gelopen tot ik viel.
Daar bleef ik liggen en ik sliep.
Ik droomde dat je bij me was
en verder niets. Jij stond gewoon

glimlachend tegenover mij.
Je bleke huid verbaasde mij.
Toen werd ik wakker. Langzaamaan
en kleumend ben ik opgestaan.

Ik zag de hond,
die rustig op een afstand wachtte.
Ik streelde hem en vloeibaar brons

liep in de vormen van mijn lijk.
Hij keek me huilend aan. Ik zei:
'Vergeet, vergeet mij niet', maar blafte.

VII

Ach, elke morgen neemt de tijd,
geduldig wachtend tot de nacht
zich aan de zon gewonnen geeft,

tot als een laken weer het licht
op heuvelland wordt uitgespreid.
Ik heb je nooit gekend.

Ik wis de sporen van mijn vlucht.
Ik lijm de takken, richt het gras
en veeg de beelden uit een plas,
die leeg de nieuwe dag begint.

DÉDALE

Je dwaalde om het open graf
door donkergroene stegen.
De vader die jou vleugels gaf,
is ruisend opgestegen.
Zijn doolhof leek van bovenaf
een woekering van wegen.

Je liep de hele morgen rond,
maar kon de draad niet vinden.
Er lagen veren op de grond,
er vloog een blauwe vlinder.
Je keek hem na, met open mond,
tot zonlicht je verblindde.

DE PROFUNDIS

Vader, stil water,
als wrakhout drijvend naar de kant

kom ik niet nader
tot de grond. En de angst

te verdrinken breidt zich uit
in krinkelingen.

Geschreeuw sterft weg
als hulpeloos zingen.

DIT OUDE PARK ALS OVERSCHOT

Reigers stonden als versteend
en wilgen vielen onbeweeglijk
samen met hun spiegelbeeld.

Etenstijd. De blauwe schemer
herstelt het park in een decor.
Verderop ligt de speelplaats.

Wij zochten in het pierenbad
koralen, maar vonden wrak na wrak
ter grootte van een ribbenkast.

De kinderlokkers zijn vertrokken,
met stille trom en koffers vol
oogappels en blonde lokken.

ENGELS

Now that the birds are from their burden freed,
those sentimental wings,
forever autumn it will be.

Nu zijn de vogels bevrijd
van vleugels uit een oude tijd
en wordt het herfst.

We dressed in light
and singing songs
we spread our wings.

Dat we vlogen en zongen
en smetteloos ons kleedden
– het is verleden.

Reizend op steamers en met karavanen zag ik hem al
vaker staan. Het onheil dat hij bij zich draagt, verschilt
niet veel van stad tot stad. Ik herken zijn oogopslag.
En zijn stem is steeds dezelfde.

Zoals hij daar staat, is hij verdwaald. Afkomstig uit
Marathon, op weg naar Athene. Zo staat hij daar: een
jongen, een kind nog. Hij staat, zijn hoofd naar links,
de ogen in zijn hoofd naar links gedraaid.

Zoals hij daar staat. Hij draagt een helderwitte das.
Zijn jas heeft al een herenmaat. Zijn broek loopt uit
in lompe schoenen. Die men voor degelijk verslijt.
Hij heeft de tijd. Geen moeder zal hem binnen roepen.

Zoals hij daar staat. God weet hoe koud het was. Jas
en das zijn niet voor niets. Wind is water. Wind is
glas. 'Scott bereikte half april. Toen keerde hij – met
achterlating van de Britse vlag – terug tot maart.'

Zoals hij daar staat. De straat is een verdroogd kanaal.
De gevels reiken metersdiep. Ooit zag men schepen
door het centrum varen. Over Picadilly, langs Trafalgar
Square. Als eigentijdse kathedralen.

Zoals hij daar staat. Op een willekeurige straathoek. Op de uitgevouwen vlakte van een plattegrond. Mijn vingers wandelen wat rond. De kleuren zijn voorgoed verschoten. Hij voelt de schaduw van mijn hand.

Zoals hij daar staat, is hij verdwaald. Afkomstig uit Marathon, op weg naar Athene. Zo staat hij daar: een jongen, een kind nog. Hij staat, zijn hoofd naar links, de ogen in zijn hoofd naar links gedraaid.

Zoals hij daar staat. Zijn pet is groot. Zodra die past, wordt hij soldaat. Te wapen! Te wapen! Met vliegende vaandels en slaande trom. En als een der stormende paarden het bronzen paard van Wellington.

Zoals hij daar staat. De uren zijn opnieuw verstreken. De dagelijkse dooi zet in. Blauwe dames, grijze heren sijpelen uit hun kantoren. Vloeien tot een massa samen. Stromen langzaam langs hem heen.

Zoals hij daar staat. Zijn mond is een immense O. Hij schreeuwt het uit. Maar de woorden blijven steken. Zijn stem gaat in rumoer verloren. Niemand hoort wanneer hij zwijgt. Dan wordt de O weer koppelteken.

Zoals hij daar staat. Zichtbaar verlegen met zijn rol. Hij verschuilt zich achter een plakkaat. Als een Romein, op wiens kartonnen schild men leest: TITANIC DISASTER GREAT LOSS OF LIFE EVENING NEWS.

Zoals hij daar staat, is hij verdwaald. Afkomstig uit Marathon, op weg naar Athene. Zo staat hij daar: een jongen, een kind nog. Hij staat, zijn hoofd naar links, de ogen in zijn hoofd naar links gedraaid.

Zoals hij daar staat. Wie zal hem nog de terugweg wijzen? Wie straft zijn ongehoorzaamheid? Geen vader zoekt hem als verloren. Geen moeder zal hem binnen roepen. Al blijft het eeuwig etenstijd.

Zoals hij daar staat. Reizend op steamers en met karavanen, zag ik hem al vaker staan. Ik volg hem. Hij komt mij telkens achterna. Wij jakkeren de wereld rond. Zoals de maan. Zoals de wereld om de zon.

Zoals hij daar staat. Stenig hem niet. Het is een kind. Zijn ogen zijn oprecht verbaasd. Hij vertelt maar wat hem is verteld. Onnozel kind, er komt een dag. Dan ben je groot. Dan past je pet. Dan komt de dood.

DE FUSILLADEPLAATS

Hier duurt in brons de fusillade
en speuren honden in het gras.

Vanavond gaat een man verlaten
het perk, de dorre rozen langs.

Wind verwart zijn natte haren.
Zijn mond blaast ijle wolkjes af.

Een cavalerie van oud papier
komt in galop de hoek om jagen.

Zijn schaduw wordt hem nagedragen
als een sleep van zwarte taf.

GNOTHI SEAUTON

Wordt men zichzelf in de seizoenen
(gele, rode, blauwe, groene)
of de verrader van zichzelf?
Het hooi verzamelt in de schelf,

een blad verdwarrelt in de wind,
een vrouw zoekt in de man het kind
aan wie ze eens de ruimte bood
(het kind een kleine astronaut).

En sneeuw bedekt wat over was.
De man draait zinloos om zijn as
als spaak van een versnellend wiel,
dat remt en stil terzijde viel.

Werd hij zichzelf? Nu is hij oud,
er sluipt routine in verdriet
(want altijd gaat de ander dood),
en desondanks, hij weet het niet.

GOD ONLY KNOWS

naar Tony Asher

Mijn liefde kan niet eeuwig zijn,
maar zolang er sterren aan de hemel zijn.
Daarvan kun je zeker zijn.
God weet wat ik alleen zou zijn.

Wanneer je bij me weg zal gaan,
zal het leven gewoon verder gaan,
maar de wereld heeft dan afgedaan,
want wat heb ik er nog aan?

God weet wat ik alleen zou zijn.
God weet God weet wat ik
alleen God weet wat ik alleen
zou zijn.

HALVERWEGE

Geen hunebed van zware woorden,
maar de vogels die ik hoorde,
wanneer vroeg verscheen uit laat,
vroeger in de Van Eeghenstraat.

Geen kalverliefde – zwanentrouw
met de duur van schuld en berouw
gewerd ons in de loop der tijd
als bron van onze eenzaamheid.

Geen eeuwig onversneden hartstocht,
maar de lichte razernij van een vlinder
of een bij.

Dat ragfijne bijna-niets, dat bijna
alles betekende en vermocht
– is dat voorbij?

THE HARE IS MY HATTER

Hé jij daar! Handelsreiziger zonder hoed!
Denk niet dat je een dichter bent! Denk jij dat niet!

Je bent op zoek in Lissabon
en spiegelt je in ruit na ruit.
Zo sta je tussen porselein
als ik je zie. Op zoek naar wat?

Jij daar! Zonder hoed tussen serviesgoed en kristal,
weet je het al?

Niet als krekels onder een zomermaan,
niet als de diepe waterval,
niet als de haan, niet als de hond,
niet als de zee en ook de wind

Jij! Je dient je hoofd op op een schaal,
beschilderd met een jachttafereel,
scherp als het lemmet op je keel
is je tong. Je bent nog jong. Wat wil je zijn?
Couplet? Refrein? Kip zonder kop?

Zal in zevenvoud gesluierd gaan
de danseres? Of denkt de hoedenmaker om halfzes:
hij komt niet meer.

DE HEMEL PARELMOER

De hemel parelmoer,
daar zijn geen woorden voor.
De parels in het gras.

HOOITIJD

Waar blijft het blauw wanneer het gras
van groen naar geel verschiet?

Het welft zich over lage velden
en drijft de wolken in het nauw.

Het spiegelt zich in kinderogen
of in de ogen van een vrouw.

* * *

De hel is een brandende hooiberg,
de hemel dan de hooitijd zelf.

Niettemin zal ik vertellen
dat hooi bestaat uit zonnestralen.

Want in de hooitijd is het zomer.

DE HOOP

Laat de *Hoop* nu liever varen.
Varen ja, maar wat voor boot?
Voor- en boegbeelden genoeg:

Karel Doorman of *Haguro*,
Apollo 11 of *Halve Maen*,
reddingssloep of rondvaartboot,

boot van Charon of van Pesse,
't scheepken onder Jezus hoede,
Herald of Free Enterprise.

Elke boot een bang vermoeden
dat de leegte zal beklijven,
ook al houden we ons groot.

IK LEG ME NU TE SLAPEN NEER

Ik leg me nu te slapen neer.
Lieve Heer, behoed mijn ziel.
En als ik sterf eer ik ontwaak,
lieve Heer, behoud mijn ziel.
Amen.

IRREALIS

Wie weet is er een dag geweest
waarop ik blindelings uit knekels
de jouwe zocht, je bouw herstelde
en je zonder hulp of voorbeeld
gestalte gaf.

Ik hielp je rustig op te staan,
je vond opnieuw je evenwicht,
je bloed hernam zijn oude loop
en ook op cellulair niveau
verdween de kou.

Een zachte gloed bescheen je huid,
er kwam beweging in je mond,
je ogen keken wazig rond,
als donker water viel je haar
langs je gezicht.

Zo stond je daar, zo onbevlekt,
je schaamte met de hand bedekt,
je linkerbeen was licht geknikt,
als Eva op het zijpaneel
van *Het Lam Gods*.

Vervolgens nam ik van de stoel
je kleren op. Je trok ze aan:
je ondergoed, de vale broek
en schipperstrui. Er was in feite
niets veranderd.

We konden zo weer verder gaan,
geliefden in de grote stad:
het blauwe theehuis en het park,
de dierentuin, de bioscoop
en het café.

Sterren, maan en straatlantaarns
beschenen ons op weg naar huis.
Ik vroeg of je gelukkig was.
Je sloeg je ogen neer en zei:
'Het is voorbij.'

INAUGURATIE

Hij had de toga aangetrokken
die eertijds van zijn vader was.

Weerkaatsend in het spiegelglas
is hij spierwit weggetrokken.

Zijn vader had hem aangetrokken
alsof hij zelf die toga was.

ISPAHAAN

Denkend aan de bange tuinman en de dood
en aan het bittere eind van jouw gedachten,
je adem en je terloopsheid, je hartslag
was de hartslag van een leeftijdgenoot,

voel ik me licht als na een zomerdag
aan zee, dezelfde zee die dag en nacht
met eb en vloed en storm en kalmte – over
alle golven heerst rust – zich wentelt

in het hemelruim: jij bent al dood
en ik, ik koester nog de stille hoop
dat wij elkaar bij rozenhof en cederpark
zullen weerzien en omarmen.

KOAN

Twee handen klappen en maken geluid.
Wat is het geluid van één hand?

De oude wilg bij de vijver:
zijn spiegelbeeld ruist in de wind.

LIEFDESLIEDJE

Dat je me lief vindt, zegt me weinig.
Misschien ben je bang om alleen te zijn
of denk je aan een film of zo.

Dat ik jou lief vind, betekent
nog niet dat ik dat meen.
Ook ik ben liever niet alleen.

Ons samenzijn moeten we maar
niet te veel romantiseren, maar
we kunnen het wel proberen.

EEN LIJSTER LIGT IN VRIESKOU NEER

naar Christina G. Rosetti

Een lijster ligt in vrieskou neer
bij kreupelhout. Hij zingt niet meer.
Vlecht voor hem een biezen kist,
delf zijn graf in het zachte mos
en richt van sneeuw een grafsteen op.

MAAR IK HUIL

Het regende die nacht
en de nacht was van de regen
en de regen van de nacht.

Toen kwam de schemer
en de nacht verdween
en de regen niet.

Huil je?
Nee, het regent.

MAISON L'HIRONDELLE MODES

Familie der gewichtlozen:
hoedjes zweven voor de ramen.
Kemp is dood. Ik mag niet hopen
sinds steigerwerk de pui omsloot.

Hij groet beleefd beide dames
die verdiept in zwarte stalen
kind noch kraai voorbij zien komen.

Hij wilde nog een hoedje kopen
om een schelp van vilt en veren
eeuwig om en om te keren,

om een vrouw te suggereren
in wie de muze en de ware
als een mengkleur samenkomen.

Piazzetta
De leeuw

Tot zover. Hoger val ik niet.
Mijn vleugels blijven aardewerk.
Het water wast. Paleis en kerk,
toren, strijkjes, restaurants
vergaan tot woelig zeegezicht.
Ik wiek en blijf in evenwicht.

Palazzo Vendramin-Calergi
De toerist

Nachtelijk water lijkt wel ijs.
Een jonge roeier steekt van wal.
Wie kent mij nog? Ik ben op reis
en glij vermoeid langs het paleis
waar later Wagner sterven zal,
de componist van *Parsifal*.

Campo San Giovanni e Paolo
Het paard van Colleoni

Nu ben ik minder dan een trein,
door stoom omstuwd. Ik hef mijn knie
en sta voorbeeldig op het plein.
Zo zal het zijn: de storm geluwd,
maar stilte scheurt als een gordijn.
Trompetgeschal. Ik hef mijn knie.

Palazzo Venier dei Leoni
De hond Sable

Zoals hier ooit met gele vacht
en gouden kraag een echte leeuw
de waanzin kroonde van Venier,
zo loop ik doelloos heen en weer.
En doelloos rondt de tijd zich af.
Als ik brul, weerklinkt geblaf.

Maleficio
De duif

Volg de wijzer, vrees het brons.
Klokslag steeg ik hemelhoog
in een wolk van lotgenoten.
Veren kleurden stervensblauw.
Lucht werd ijl en sneeuwwit licht
heeft me allengs ingesloten.

MALLORY

Leven is een berg bedwingen
die dreigend uit de wolken steekt,
langs de steile wanden klimmen
tot waar men om genade smeekt.

Wanneer hij om genade smeekt,
kapotgemaakt in weer en wind,
verdroogd, tot op het bot verkild,
de huid verhard, het oog verblind,

de korte baard voelt als vervilt,
de sterke armen lopen dood
in vingers die gevormd uit lood
hun werking hebben opgeschort,

het hart beweegt uit alle macht
en zuurstofarm verschaft het bloed
nog flarden van de heldenmoed
die hem tot deze hoogte bracht –

hij valt, hij rolt nog even door,
dan ligt hij slordig in de sneeuw
en verse sneeuw wist ieder spoor
en smoort de echo van zijn schreeuw.

NAAR BASHO

Regen kondigt winter aan.
Zwerver is een hondennaam.
Noem me voortaan Reiziger.

ODE

Nederland, waar melk en honing
regen zijn en natte sneeuw,
waar de blinde naast de koning
aan het hoofd der tafel zit.

Nederland, waar eeuwigheid
voorbijgaat als de ochtendmist,
waar de zon geen kleuren treft
en sporen worden uitgewist.

Nederland, waar geliefden
kleumend bij het stoplicht staan,
en alles, alles wat hen bindt,
verwatert in de oostenwind.

Nederland, groot warenhuis
waar kinderen verdwalen,
waar angst voor het verleden
zich uit in nieuwigheden.

OLÉ GUAPA

Als Maria danst,
dan verbazen zich de astronomen
en glimlachen kosmonauten
op de monitoren van Houston Control.
Dan schikken welgemoed
zich de planeten in nieuwe banen.
Dan dansen zon en maan
als ballroomkampioenen.
Dan vallen de sterren
laconiek als regen.

Dag Maria, kleine ster.

OPGAVE

Daar juicht een toon: restaureer
vannacht, mijn zoon, een schoolgebouw.
Plaats een bord, een schooljuffrouw
in elke klas. Kom onder je bank vandaan,
maak een zwaan in de ringen, verruil
je bas voor een sopraan en zing alsof
je stem gezuiverd is, van de maan
die fonkelt in de duisternis.

Daar juicht een toon: vergoed
vandaag, mijn zoon, het kwaad,
metterdaad, met levensmoed,
want lafheid is een grauw gewaad,
een kaftan van verwassen goed,
waarin je zonder ziel begaat,
onwetend wat er gelden moet
als je voor de keuze staat.

PALAZZO PITTI

Een koprol is kinderspel.
Achab deed de koppen rollen.
Izebel bracht zijn hoofd op hol,
de toverkol. Haar kinderspel
was wreed, haar hoofdrol schrikwekkend.

Lopend over de binnenplaats
zie ik haar in het venster staan:
oud wijf, als een hoer gepleisterd.
Uitdagend kijkt ze op me neer
en roept: Is het wel, o Zimri,
ferme slachter van zijn heer?

God bewoog de kamerlingen
die haar uit het venster smeten.
De pruik viel van haar vogelkop,
tegen de muren spatte op
haar bloed, haar kronkelende lijf
werd vertrapt door de paarden.

In een uithoek van het park
deden de honden zich tegoed.
Ze scheurden vlees van het karkas
tot van het wijf niets over was
dan haar wanordelijk skelet.

En het woord werd bewaarheid
dat niemand ooit zeggen zou:
Dit is Izebel.

Zelfportret als Strindberg
Uit: *Inferno* van August Strindberg

'Mijn gezicht is zwart
van de rook van de locomotief,
mijn wangen zijn ingevallen,
mijn haar nat van het zweet
en vergrijsd, mijn ogen verwilderd,
mijn overhemd groezelig.'

Zelfportret als stoomboot
Uit: *The Adventures of Tom Sawyer*
van Mark Twain

'Hij was een combinatie van
boot, kapitein en telegraafbellen,
dus moest hij zich voorstellen
hoe hij op zijn eigen stormdek
bevelen gaf en zelf uitvoerde.'

Zelfportret als beekbedding op Mars
Uit: *Nasa Mission News*
(29 september 2012)

'Uit de omvang van de steentjes
maken we op dat het water, dat
met een snelheid van ongeveer
een meter per seconde kabbelde,
tussen enkel- en heupdiep was.'

EEN PRINS

In een sfeer van heimelijkheid
verdween hij uit het koninkrijk.
De zon kroop langs de wachten,
over de laan en het bordes,

en trachtte tussen de gordijnen
de hoge kamer in te schijnen,
de bleke handen op het laken
als een zeewind aan te raken.

De doodsoorzaak werd toegelicht
door middel van een persbericht.
Er volgden feiten en verhalen,
die men plechtig bleef herhalen,

met telkens weer dezelfde beelden,
die ontroerden noch verveelden.
Een enkeling wist te vertellen
dat hij iemand anders was.

REDE

Zeewaardig als een ledikant
is het schip dat zijn hand
te water laat.

De mannen aan de reling
zijn onherkenbaar klein.
Ze ademen verveling.

Onder jagende wolken
keert een schip naar de kant
of verdwijnt in de golven.

DE VIER SEIZOENEN

De winter is een kraai,
de zomer is het koren,
de lente is het gras,
dan wordt de herfst geboren.

SCHATEILAND

We begraven onze schatten,
liever dan ze te bewaren
alsof het onze kinderen waren.

De natuur vermaakt zich ook wel
zonder ons: langs de hemel scheert
een wolk, nerveus en anoniem

bevolken vliegen de tuintafel,
bij de heg probeert een spreeuw
te vliegen, maar in het begin

lijkt het nog nergens op, nou ja,
op zo'n luchtvaartpionier die denkt:
ik wil de eerste zijn, ik wil

de wereld laten zien dat mijn droom
het zonlicht kan verdragen.
We lopen samen door de tuin,

te midden van zacht gekleurde
heuvels met op de hoogste top
de resten van een zandkasteel.

Veraf beweegt zich met gedreun
een auto langs de duiventil,
vlinders dwalen door de lucht

en de wind verspreidt de geur
van volle rozenstruiken.
Onder een oude kersenboom

begraven we wat dierbaar was.
Maar kinderen keren, zo vlug
ze gaan, zo langzaam terug.

DE VIJF SEIZOENEN

Lente
Zomer
Herfst
Maria
Winter

SMORZANDO

We zullen vergaan.
O, liefde zal sterven.

We noemen de zee:
eeuwigheid.

We noemen de roos:
rood.

We noemen het schip:
een symbolisch schip.

We zullen vergaan.

TERRA NOVA

Heya pony's, trek de sleden!
Ze kruisen telkens lager breedten
tot ze aan de wereld hangen
als vliegen aan een wit plafond.

Terzijde gaan verpopte mannen.
Heya pony's, paardenoffers
in Scott zijn ondoordachte strijd.
Het oog verblind, de hoop gericht

op roem, fortuin, een heldendicht
als opmaat voor onsterfelijkheid.
Heya pony's, wat is genade
anders dan de wisse dood? De eeuwige

sneeuw rijgt een snoer van kadavers.
Uit de eindeloze vlakte
steekt een kleine tabernakel.
Heya pony's, langs de hemel

dravend voor de zonnewagen.
Phaëton laat de leidsels vieren,
stort zich razend naar beneden,
scheert over de kale masten

van het schip dat onbewogen
wacht op haar bemanningsleden.

TROUW

Dat de trouw aan zichzelf zich uit
als de ontrouw aan anderen –
hoe kan men dat veranderen?
Sluit eerlijkheid de vriendschap uit?
Moet men een van beide missen?
Zijn het de mitsen en de maren,
de ontzielde compromissen,
die verbondenheid verklaren?
Is trouw ten slotte toch een mouw
die men elkaar aan moet passen
(als waren wij elkanders jassen:
ik ben jouw jas, wil mij dragen,
liefste, tot ik ben versleten)?

VERWACHTING

Mocht ik op een wonder hopen?
Toen ik je schommelend zag lopen,
die middag in de Huysmanslaan
(je verdween, je ging iets kopen,
in dat betraande perspectief),
was je me zo oneindig lief.

WINDHOND

Huilend om de herfst
maar van de haan vervreemd
Blaffend naar de maan
zonder wolf te zijn

Zo zal de hond vergaan
geschapen naar uw beeld
Zo zal de wind uw naam
een ander schenken

ZELFPORTRET ALS LOMBARDIJNS HARNAS

I

We zaten levend bij elkaar
en zongen van de mosselman,
de man uit Scheveningen.
Het oude liedje: ik werd bang
en ging steeds luider zingen.
Reusachtig stond mijn moeder daar.
Ze droeg een grote zwarte pan,
zoals aan een veroveraar
– na strijd en onderhandelingen –
men sleutels reikt, of zilverlingen.
Ik zong en dacht: dat komt ervan,
de nederlaag verzint men maar.
Wie wijzer is, telt zegeningen.
Mijn moeder, met een stroef gebaar,
lichtte het deksel van de pan.
Mosselen werden wij gewaar.
Ze sneed een ui tot zilverringen.

II

Wee mij, want een vrouw van zout
stond vanmorgen langs het pad.
Wat zij zong, was onverstaanbaar
in de wind. Ze zweeg als goud.
De blik boven haar schouderblad
was bijna blind. Zo stond ze daar.
Ik had geen tijd voor oponthoud.
In volle vaart zocht ik de stad.
Ik was weer de veroveraar,
het ruiterstandbeeld in galop.
De wind bewoog mijn bronzen haar.
'Zeg, ken jij de mosselman,'
zong achter mij die zoutpilaar.
Als haar blikken doden konden,
is mijn leven niets meer waard.

III

Geharnast loop ik over straat.
Men legt verbanden met een feest,
dronkenschap en kleine uren.
Geen mens doorziet mij en gewoon
(gewoonte veins ik allermeest)
blijf ik jou, mijn lichaam, sturen.
Zoals men dat in leerstof leest.
Wij kunnen niet gescheiden gaan:
het hart verhuurt zich aan de geest.
Ik zal steeds een harnas huren.
Een oude man roept 'Ivanhoe!'
Ik heb geen tijd voor avonturen.
En lopend raak ik zeer bevreesd.
Angst vertakt zich langs de muren
als klimop. Mijn oren suizen.
Mijn hart gaat over in galop.
Hoor ik het suizen van mijn bloed?

IV

Met de kracht van een orkaan
teistert onrust mijn gedachten.
De zee stroomt hier in grachten.
Ik grijp de leuning van een brug
en kan nauwelijks meer staan.
Opeens verschijnt een jonge vrouw.
Ze draagt een grote mosselpan.
Lege schelpen, zwart en blauw,
stijgen als een rookkolom.
Ik zie de vleugels op haar rug:
ze daalde uit de hemel neer,
ontheven van haar ouderdom.
Laat ons nu nog één keer, moeder,
zingen van de mosselman,
vol weemoed en herinneringen,
alvorens ik met helm en al
in het koude water val.

ZIJN HEERLIJKHEID

Geen pauw neemt om het lege huis
een loopje met de eeuwigheid.

Een pauw bekeek met argusogen
het gele huis. In elk venster
sloeg een meisje een stofdoek uit.
De tuinman liep over het gras
als over onbetrouwbaar ijs.

De nachten waren Pruisisch blauw.
Te midden van cascaden stond
meneer als een steelse minnaar
te wachten. Maar elke morgen
wekte hem dezelfde huisknecht.

ZONDAGSKIND

De dag dat ik in trainingspak
mijn auto was, een witte Saab,
die dag zal ik gelukkig zijn.

Die avond brandt de open haard,
het vuur danst in de rode wijn.
Ik drink en lees het *Handelsblad*.

Die nacht ontbreekt de maneschijn.
Sneeuw kalmeert de grote stad;
de vlokken gaan met zang gepaard.

's Morgens vroeg loop ik in pak
op blote voeten naar het raam.
Zonlicht breekt door het gordijn.

Ik zie de vlakte van het plein:
mijn auto zal niet witter zijn.
Mijn sokken trek ik later aan.

Simon Vestdijk gebruikte het woord ‘wrakgenoten’ als eerste in ‘Allegorische muziek’. Hij omschrijft een schilderij van een navolger van Jheronimus Bosch waarop een groep mensen in een reusachtig ei staat te zingen:

Als wrakgenooten op een kust
Zitten er elf bij ’t groote boek,
Gemeenzaam slechts de tien geboden
En ’t bultig zakje voor hun broek:
Want uit dezelfde avondnooden
Zoekt elk zich and’re zinnenlust,
Er is geen krant, er is geen mode.

ALS EEN VOGEL STERFT

Ivan Zjdanov werd in 1948 geboren in Siberië. Hij is opgeleid als liftmonteur en journalist, en woont momenteel in Moskou. Zijn literaire werk behoort tot het ‘metarealisme’ en verscheen onder meer in de bloemlezing van Oost-Europese poëzie *Child of Europe* (1991).

Dit versje werd ook vertaald door Michael Schmitt:

When a bird dies
The spent bullet weeps inside,
For it so wanted
To fly, like a bird.

DE ARKE DES BEHOUDS

De titel is ontleend aan een lied van de predikant en dichter Carel Steven Adama van Scheltema, met als eerste strofe:

> ’t Scheepken onder Jezus hoede,
> Met zijn kruisvlag hoog in top,
> Neemt als arke der verlossing,
> Allen, die in nood zijn op.
> En sta de zee al hol en hoog,
> En zweep’ de storm ons voort,
> Wij hebben ’s Vaders Zoon aan boord,
> En ’t veilig strand voor oog.

Het is als ‘Lied 5’ opgenomen in de zangbundel van de orgelbouwer en evangelist Johannes de Heer, waarvan in de vorige eeuw meer dan een miljoen exemplaren werden verkocht.

BERICHT

Dit is een bescheiden eerbewijs aan Jan Emmens, dichter, kunsthistoricus en Rembrandtkenner.

BRUEGEL: DE VAL VAN ICARUS

Als student aan de Rietveld Academie schreef ik een opstel over *De val van Icarus* (ca. 1600), toegeschreven aan Pieter Bruegel de Oude. Natuurlijk verwees ik naar ‘Musée des Beaux Arts’ van W.H. Auden (en Jan Emmens), maar ik zag verzen van Judith Herzberg, Albert Verwey en Simon Vestdijk over het hoofd.

Daar stond wel een verwijzing naar *De val* (1956) van Albert Camus tegenover:

> 'Ik had misschien een meter of vijftig gelopen, toen ik een geluid hoorde, dat ondanks de afstand vreemd luid klonk in de stilte van de nacht, het geluid van een lichaam, dat in het water valt. Ik bleef doodstil staan, maar ik keerde me niet om. Bijna tegelijkertijd hoorde ik een kreet, die een paar maal weerklonk, een geroep, dat uit de rivier kwam en dat plotseling ophield. De stilte, die daarna plotseling over de verstarde nacht viel, leek eindeloos te duren. Ik wilde er heen hollen, maar ik bewoog me niet. Ik geloof, dat ik rilde van kou en opwinding. Ik wist, dat ik snel moest handelen, maar ik voelde hoe een dodelijke zwakheid zich van mij meester maakte. Wat ik toen nog meer heb gedacht ben ik vergeten. "Het is toch al laat, het is te ver weg", of iets dergelijks. Ik bleef minutenlang doodstil staan luisteren. Ten slotte ben ik langzaam door de regen verder gelopen. Ik heb niet eens iemand gewaarschuwd.'

Vanzelfsprekend las ik ook de passages uit de *Metamorfosen* waarin alle figuren uit het schilderij voorbijkomen (met uitzondering van de dode man onder de struiken). Ovidius richt zijn aandacht sterker op de menselijke tragedie dan op de moraal-van-het-verhaal. In de vertaling van Vondel is het verdriet van de vader prachtig verwoord:

De droeve vader roept, helaes geen vader meer:
Och Ikarus, myn zoon, waer vlieghtge nu dus veer?
Waer zytge, och Ikarus? waer zytge, o zoon,
gebleven?
Hij zagh de veders, die om laegh op 't water dreven,
Vervloekte zynen vont, begroef het lyk met smert
En rouwe aen zee, die naer zyn' naem geheeten wert.

Vanuit dit perspectief is de afwezigheid van Daedalus op het schilderij opmerkelijk. Een mogelijke verklaring ligt bij de restauratie van het schilderij nadat het ooit zwaar beschadigd raakte. Toen werd niet alleen de dalende zon toegevoegd, maar misschien ook Daedalus verwijderd. Voor dat laatste pleit een tweede versie van *De val* in het Brusselse Museum van Buuren. Op dat identieke schilderij (op de zon na) hangt Daedalus hoog boven de boer in de lucht. Maar omdat Vlaamse onderzoekers recent hebben vastgesteld dat de ene *Val* geen kopie is van de andere, houdt die hypothese geen stand. Waarschijnlijk zijn beide schilderijen kopieën van een verloren origineel waarvan niemand weet hoe het er heeft uitgezien.

Ik koester de gedachte dat Bruegel Daedalus welbewust buiten het schilderij liet om zijn opdrachtgever en/of de kijker in diens positie te plaatsen. *De val* wordt zo de uitdrukking van het verdriet van een vader om zijn verongelukte zoon. Overigens had Bruegel volgens de schaarse biografische gegevens zelf geen enkele reden om zich in Daedalus te verplaatsen. Zijn zoons waren springlevende peuters toen hij, nog geen vijfenveertig jaar oud, overleed.

In 2013 maakte de beeldhouwer Anish Kapoor een installatie in het Martin-Gropius-Bau in Berlijn met als titel *Symphony for a Beloved Sun*. Voor een grote rode schijf stonden transportbanden waarlangs tergend langzaam massieve blokken was omhoog werden geleid. Op het hoogste punt kantelden de wijnrode (of bloedrode) blokken, om met een kletsend geluid te pletter te vallen. Hoewel Kapoor consequent iedere uitleg van zijn werk weigert, is de verwijzing naar het Icarus-verhaal evident. De installatie had dezelfde vreemd-melancholieke sfeer als Bruegels schilderij.

CAITWICK

De naam van een van de viaducten over de A1 heeft de klank van een havenstad: 'Caitwick'. In werkelijkheid is het een variant op Kootwijk; het betekent zoveel als 'vestigingsplaats (wijk) van een kleine boerderij (kot)'.

CIRCUS IN VENETIË

Een secretaresse van mijn vader was getrouwd met een man met een fantastisch verleden. Zijn ouders hadden hem als kind aan het circus verkocht; na een val uit de trapeze was zijn rug vergroeid tot een bochel. Op een avond vertelde hij hoe hij met het hele gezelschap van mensen en dieren door de ochtendnevel Venetië binnenvoer.

DAYLESFORD

In de jaren tachtig verbleef ik met vrienden en vriendinnen twee keer in een van de bijgebouwen van Daylesford House in Gloucestershire. Daylesford House werd tussen 1788 en 1798 in een Engels-Indiase stijl gebouwd. Ik herinner me in het bijzonder de oprijlaan, het park en de oranjerie. Het huis en het landgoed waren in die tijd eigendom van Baron Heinrich Thyssen, die er nog zelden verbleef. Naar men zei omdat zijn vijfde echtgenoot, Miss Spanje 1961, weinig ophad met het Engelse weer. Inmiddels is Daylesford House eigendom van Sir Anthony en Lady Bamford, grootaandeelhouders van een gelijknamige multinational die graafmachines produceert.

We verbleven gelukzalig in onze lodge, speelden tennis en wandelden wat rond in het weelderige landschapspark. Bovenal waanden we ons de evenbeelden van Sebastian, Charles en Julia, de hoofdpersonen uit *Brideshead Revisited* (1945/1981), het boek van Evelyn Waugh, maar vooral de tv-serie. Charles, gespeeld door Jeremy Irons, fungeerde in die dagen als mijn rolmodel. Zijn verfijnde hooghartigheid en zijn onvermogen om zich over te geven aan de liefde en de kunst hadden iets buitengewoon benijdenswaardigs.

DÉDALE

De titel heeft in het Frans de dubbele betekenis van Daedalus en dwaaltuin. Daedalus is zelfs in mythologisch perspectief een onwaarschijnlijk genie, een blauwdruk voor Leonardo da Vinci. In de romantiek werd hij, als verpersoonlijking van de traditionele, ambachtelijke kunstenaar, uitgespeeld tegen Icarus, als toonbeeld van individualiteit en autonomie. Deze tegenstelling voorspelde weinig goeds over het lot van de romantische kunstenaar.

DE PROFUNDIS

Een zoon wordt zich op enig moment bewust van de rol die zijn vader speelt in zijn volwassenwording. De tweestrijd tussen afhankelijkheid en verlatenheid voedt het eeuwige conflict tussen vader en zoon. In de christelijke mythologie wordt dat op de spits gedreven in de verhouding tussen God en Jezus. Hangend aan het kruis citeert Jezus het eerste vers van psalm 22: 'Mijn God, mijn God! waarom hebt Gij mij verlaten, verre zijnde van mijn verlossing, van de woorden mijns brullens?' Maar God laat hem boven op de heuvel Golgotha over aan zijn lot, ongeëvenaard, zoals geen vader zijn zoon ooit nog in de steek zal laten.

Toch refereer ik hier niet aan psalm 22, maar aan psalm 130, waarvan Guido Gezelle de eerste regels als volgt vertaalde:

> Uit de diepte roep ik, Heere,
> Hoort, ik bidde U, naer myn stem!
> Wilt Uw oor te mywaerd keeren
> Die om bystand roepend ben!

Hoewel beide fragmenten op elkaar lijken, verschillen ze als blues en gospel. Psalm 22 is een lied van en over koning David, die 'wandelde met God' (en wie desondanks niets menselijks vreemd was). Hij richt zich in zijn aan woede grenzende wanhoop tot God: 'Zo wees niet verre van mij, want benauwdheid is nabij; want er is geen helper.' Psalm 130 is een bedevaartslied van en voor pelgrims, die doordrongen van hun zonden op zoek gaan naar genade: 'Israel hope op den Heere; want bij den Heere is goedertierenheid, en bij Hem is veel verlossing.'

Dit gedicht bepaalt zich daarmee tot de 'double bind' van een zoon met zijn vader en zijn God. Daar ligt sowieso een thema dat nadere overdenking verdient. Is het vaderbeeld in de joods-christelijke cultuur een afspiegeling van het godsbeeld (in weerwil van het tweede gebod)? En wat betekent dat dan voor de verhouding tussen vaders en zonen?

Ook de idealisering van Jezus speelt daarbij een rol: het Lam Gods is in menig opzicht een geretoucheerde Ram Gods. J.D. Salinger legt Zooey Glass in een monoloog tegen zijn zusje Franny deze woorden in de mond:

> 'Ik heb geen zin om erop in te gaan, maar in ieder geval heb ik nooit geprobeerd, bewust of onbewust, om Jezus te veranderen in de Heilige Fransiscus van Assisi zodat hij "beminnelijker" zou worden – wat precies is wat achtennegentig procent van de

christelijke wereld altijd met alle geweld heeft willen doen.'

Naarmate het aureool van de zoon sterker oplicht, wordt de vaderfiguur steeds duisterder, en vice versa. In zijn bergbeklimmersroman *Mont Blanc* (2012) wijst Edzard Mik op hetzelfde mechanisme:

> 'Schrijvers kwamen altijd weer bij de vader uit. Door naar de vader te wijzen kregen ze het voor elkaar voor eeuwig zoon te blijven en nergens voor verantwoordelijk te zijn, en je zou hele bibliotheken als laf en escapistisch van de hand willen doen en wensen dat er een volwassen literatuur zou ontstaan, een literatuur die geen jammerklacht over het leven is, geen aanklacht tegen de vader, geen impliciete oproep aan Onze-Vader-die-in-de-Hemel-zijt om eindelijk tevoorschijn te komen en zich te verantwoorden voor het kwaad dat hij toeliet – een literatuur door vaders geschreven in plaats van door zonen!'

DIT OUDE PARK ALS OVERSCHOT

Dit gedicht verscheen in 1984 in *De Tweede Ronde*, in een eerdere versie, waarvan deze regels werden geschrapt: 'Z'n broer klom hoger, toen al / was hij bang te vallen en bouwde / forten in het zand, die instortten.' De titel is een regel uit 'Park in Europa' van Fokke Sierksma, die behalve dichter ook theoloog, godsdienst-psycholoog, tibetoloog en essayist was:

Heeft God
dit oude park als overschot
van een verdord, betwijfeld Eden
voor oude valken, zieke reeën
en voor een moe poëet,
voordat hij ook zijn laatste, fletse visioen vergeet,
apart gezet om erbij te kunnen sterven
in 't warm en bitter geuren van rottend blad,
nu hij voor de oude droom geen erven
meer vond temidden van de horden,
van leuzen zat –
of zoek ik, vluchtend voor de rook der puinen,
de luwe troost van een vergeten tuin en
tracht ik te vinden
in een herfst van zacht verstuivend licht
het onderkomen van een laf gedicht?
Van rand tot rand
ligt de zwanenloze vijver
eeuwig, zwart en transparant.

'Dit oude park als overschot' gaat over de periode tussen 1969 en 1974 waarin de bewoners van Amsterdam-Zuid te maken kregen met drie kindermoorden en twee moordenaars. In juni 1969 verdween op vrijdagmiddag de tienjarige Danny Visser. Hij woonde aan de Apollolaan en speelde vaak met zijn vriendjes in het Beatrixpark, net zoals mijn beide broers en ikzelf. Ik was de middelste, mijn grote broer was even oud als Danny. Zaterdagmorgen werd zijn dode lichaam gevonden, 'deels begraven, deels afdekt met bladaarde in een bosje van 20 x 20 meter' (*De Telegraaf*). Dankzij de informatie van zijn vriendjes kon de politie de dader al op zondagavond arresteren. Men sprak over een zedenmisdrijf, dat maakte de gebeurtenis zo mogelijk nog gruwelijker.

In augustus 1971 verdween opnieuw een jongetje. Dit keer was het de negenjarige Bastiaan Bloemena, die toevallig ook aan de Apollolaan woonde. Hij was het eerste slachtoffer van de kindermoordenaar Gerard Spruit, een bezorger van tijdschriften als *Donald Duck* en *Libelle*. Wekelijks maakte Spruit op een gemotoriseerde bakfiets de ronde langs zijn klanten, onder wie ouders van mijn klasgenoten. Ik zie hem in gedachten rijden door de Rubensstraat, waar een oom en tante een bovenhuis bewoonden. Ondanks uitgebreid recherchewerk, onder meer aan de hand van het opvallende kleed waarin het lijkje van Bastiaan werd gevonden, kwam Spruit niet als verdachte in beeld. Drie angstige jaren later maakte hij in Amsterdam-Zuid een tweede slachtoffer, een meisje met een jongensachtig uiterlijk, Heleentje Isaac. Dit keer werd de politie geholpen door alerte buurtbewoners. Hij kon kort daarop worden gearresteerd op de camping in Ede, waar hij de weekends en vakanties doorbracht met zijn gezin. Na een eerste ontkenning legde Spruit een volledige bekentenis af. Hij wurgde Heleentje in een vlaag van woede, toen bleek dat hij zich in haar uiterlijk had vergist. Niet veel later bekende hij ook dat hij Bastiaan had misbruikt en in paniek vermoord.

Mijn vader was als psychiater zijdelings betrokken bij de berechting van de tijdschriftenbezorger, maar met ons werd daarover wijselijk niet gepraat. Spruit bleek een lange voorgeschiedenis te hebben van seksueel misbruik van kinderen, en ook zelf als kind door paters te zijn misbruikt. Hij werd uiteindelijk veroordeeld voor tweevoudige doodslag (niet voor moord, hoewel dat wel was geëist) en kreeg twintig jaar gevangenisstraf, die hij in een TBS-kliniek mocht doorbrengen. Toen tweederde van zijn straf verstreken was, verzocht hij om vervroegde invrijheidstelling. De dag nadat het Hof zijn verzoek had geweigerd, op 12 december 1989, pleegde Spruit zelfmoord: hij slikte slaaptabletten en trok een plastic zak over zijn hoofd. Hij ligt begraven in Dedemsvaart, zonder grafsteen, omdat zijn zoon die weigerde te betalen.

Het einde van de tijdschriftenbezorger kwam bijna vijftien jaar nadat de vader van Bastiaan Bloemena aan verdriet en drank te gronde was gegaan. Willem Bloemena was een succesvolle uitgever bij Meulenhoff. Hij maakte een standaardwerk met de schilderijen van Rembrandt. En hij nam het initiatief voor de vertaling van Zuid-Amerikaanse literatuur, met als hoogtepunt de publicatie van Gabriel García Márquez' *Honderd jaar eenzaamheid*.

De geschiedenis van Gerard Spruit en zijn zoon Paul is beschreven door de journalist Peter R. de Vries in *Een moord kost meer levens* (1994).

ENGELS

De dichter Robert Lowell schreef over het vertalen van poëzie:

> 'Strenge metrische vertalers bestaan nog steeds. Zij leven schijnbaar in een zuivere wereld die nog niet is besmet door moderne poëzie. Hun moeilijkheden zijn groot en oprecht, maar het zijn taxidermisten, geen dichters, en hun gedichten lijken op opgezette vogels.'

EVENING NEWS

Tot het weinige dat ik nog weet van mijn medicijnenstudie, behoren de plechtig-ironische woorden van een hoogleraar in de medische fysiologie: 'Het leven is een voortdurende strijd tegen de Tweede Hoofdwet van de Thermodynamica. En die strijd, dames en heren, verliezen wij altijd.'

Omdat de mens in wezen een organisch systeem is dat zich realiseert dat het tot chaos zal vervallen, zijn al zijn pogingen om een duurzame (of tijdloze) orde te scheppen symbolische projecten. Zo ook de *Titanic*, waarvan de veiligheid en het comfort net zo kwetsbaar bleken als de toenmalige wereldorde.

DE FUSILLADEPLAATS

'De fusilladeplaats' speelt zich af op de Apollolaan, bij het oorlogsmonument van Jan Havermans. Op de vroege morgen van 24 oktober 1944 werden op die plek, ‘ten aanschouwe van de wanhopige bevolking’ (*Het Parool*), negenentwintig mensen van tussen de achttien en zeventig jaar oud door de SD gefusilleerd. Hun groepsgewijze executie was één van de represaillemaatregelen voor de moordaanslag door het verzet op de SD’er Herbert Oehlschlägel. In de voorgaande nacht werden ook twee villa’s op de hoeken van de Apollolaan en de Beethovenstraat (waarvan één bewoond door een NSB’er) in brand gestoken.

Oehlschlägel was verbonden aan het beruchte SD-hoofdkwartier in de Euterpestraat (nu de Gerrit van der Veenstraat), dat op 26 november 1944 door de RAF werd gebombardeerd. Als gevolg daarvan verhuisde de SD in de laatste oorlogsmaanden naar de Apollolaan 123-125, het huidige Apollofirst Hotel.

Tussen 1947 en 1950 woonde W.F. Hermans schuin tegenover de fusilladeplaats, op een van de dienstbodekamers van het appartement op de eerste etage van Apollolaan 129. Uit een brief aan Paul Rodenko, geciteerd in zijn biografie van Willem Otterspeer, blijkt dat het dezelfde kamer was die ik dertig jaar later zelf betrok. Hermans heeft de trieste gevolgen van de represailles nog gezien; op de plaats van de beide villa’s verrezen pas jaren later nieuwe huizen. Misschien speelden die indrukken door zijn hoofd, toen hij in 1962 de ruïnes van Oradour bezocht. Hij schreef daarover een essay waarvan deze alinea de vertwijfelde conclusie vormt:

'Er is een verhaal te schrijven over een astronaut in een kunstmatige satelliet die boven de ene stad beneden zich een carnaval ziet en twintig tellen later een andere stad die wordt uitgemoord. Maar ook hij zou er niets aan kunnen doen. Het is alleen maar het gevoel: je zou op een bepaald ogenblik graag iets minder onnozels gedaan willen hebben, terwijl op datzelfde ogenblik Oradour werd uitgemoord.'

In 1965 verhuisde ik met mijn ouders en twee broers naar de tweede verdieping van hetzelfde appartementengebouw. Ik bewoonde daar in de periode tussen 1975 en 1989 aanvankelijk één en later twee van de dienstbodekamers, waarvan de grootste, dezelfde kamer die Hermans had bewoond, een raam had aan de rechtervoorzijde. Hermans' kwalificatie als 'een heel klein kamertje' komt niet overeen met de ruimte die ik daar zelf beleefde. Er waren een hoekkast en een wastafel, er lag een versleten Perzisch tapijt en behalve een bed konden er een bureau en een ouderwetse leunstoel staan. In de loop der tijd was het beheer van de kamer kennelijk van de eerste naar de tweede etage overgegaan; ook later ruilden de huurders hun kamers wanneer dat zo uitkwam.

Het drama uit oktober 1944 speelt ook een onopgemerkte rol in *De Aanslag* (1982) van Harry Mulisch. In 1945, nadat zijn ouderlijk huis in Haarlem als represaille is platgebrand, logeert Anton Steenwijk bij zijn oom en tante aan de Apollolaan. Nergens refereert Mulisch aan de parallel met die andere represaille, terwijl Anton de gevolgen daarvan onmogelijk over het hoofd kon zien. De beide villa's lagen opzichtig in puin en enkele dagen na de bevrijding ontstond op de fusilladeplaats een enorme bloemenzee. Met raadselachtige precisie gebruikt Mulisch wel hetzelfde aantal gijzelaars: 'Zij [de ouders van Anton] waren die avond ook gefusilleerd, tegelijk met negenentwintig gijzelaars.' Het lijkt erop dat Mulisch elementen van de gebeurtenissen op de Apollolaan heeft vervlochten met de aanslag en de vergelding in Haarlem, waardoor in zijn verhaal geen plaats meer was voor de historische feiten.

GNOTHI SEAUTON

'Gnothi seauton' ('Ken uzelf') was een inscriptie in de voorhof van de Apollotempel in Delphi. Ondanks de toeschrijving aan een hele rits Griekse wijsgeren is het waarschijnlijk een volkswijsheid.

De een-na-laatste regel verwijst naar de laconieke tekst op het graf van de kunstenaar en schaakgrootmeester Marcel Duchamp in Neuilly-sur-Seine: 'D'ailleurs, c'est toujours les autres qui meurent' (Trouwens, het zijn altijd de anderen die sterven).

GOD ONLY KNOWS

Tony Asher werkte als copywriter in Los Angeles toen hij werd opgebeld door Brian Wilson: 'Ik ben aan het werk aan een nieuw album en dat is een verdomd zware klus. We liggen al een straatlengte achter op de planning en ik heb wat hulp nodig met de teksten. Zou je me willen helpen?' Wilson, de artistieke spil van The Beach Boys, was 23 jaar oud en was bezig aan wat een van de meesterwerken van de popmuziek zou worden: *Pet Sounds* (dierbare geluiden).

In januari 1966 was Wilson in een artistieke strijd – het gevecht van zijn leven – verwikkeld met The Beatles, wier jongste album *Rubber Soul* hij wilde overtreffen. Dat lukte hem zo goed, dat voor The Beatles (en hun producer George Martin) *Pet Sounds* vervolgens de maat werd voor hun *Sgt. Pepper's*-album. Wilson begon daarna nog aan *Smile*, maar wist dat project niet meer tot een goed en gezond einde te brengen. De rivaliteit tussen The Beatles en Brian Wilson doet denken aan de 'Chickie Run' tussen Jim en Buzz uit de film *Rebel Without a Cause* (1955), met Wilson in de rol van de onfortuinlijke Buzz.

Op *Pet Sounds* fungeert 'God Only Knows' als de zon van Wilsons universum, vandaar misschien de verwijzing naar de sterren en naar God. Marilyn Wilson, zijn toenmalige vrouw, zei daarover: 'Hij was niet bang om aan iedereen te laten zien hoe gevoelig en spiritueel hij was, en dat hij zelfs binnen de rock-'n-roll dingen kon zeggen die echt iets te betekenen hadden.'

Tony Asher herinnert zich dat 'God Only Knows' in een halfuur ontstond: 'Allereerst is het een heel korte song, het heeft allemaal niet zoveel om het lijf. De meeste tijd ging op aan het beargumenteren van de voordelen van het gebruik van het woord "God". [...] Ik vind het een geweldige song en gelukkig konden we er een meeslepende tekst bij schrijven.' Met de beginregel 'I may not always love you' had Wilson aanvankelijk veel moeite. Asher overtuigde hem door te wijzen op de schaduwzijde van het leven (Wilson was zelf binnen een jaar verstrikt geraakt in zijn huwelijk) en op de tweede regel, die de twijfel in zijn tegendeel doet verkeren: 'But as long as there are stars above you'. Die omkering verklaart, samen met de naïeve devotie, iets van het wonder van 'God Only Knows'.

HALVERWEGE

De koopman Christiaan Pieter van Eeghen was een van de grondleggers van het Vondelpark en de nabijgelegen villawijk 'Willemspark'. De gelijknamige straat loopt dan ook keurig tussen de zuidelijke rand van het Vondelpark en de Willemsparkweg. Halverwege, tegenover de monumentale ingang naar het park, woonde de dirigent Willem Mengelberg, die daar onder anderen Gustav Mahler en Igor Strawinsky ontving.

THE HARE IS MY HATTER

De titel is enerzijds een Engelse klanknabootsing van 'De Heer is mijn herder' (psalm 23), anderzijds een associatie met de March Hare en de Mad Hatter uit *Alice in Wonderland* (1865).

De laatste twee strofen verwijzen naar Johannes de Doper, profeet en wegbereider van Jezus, wiens hoofd geschonken werd aan Salomé, als beloning voor haar dans met de zeven sluiers. Dat is althans de christelijke mythe; de schaarse bronnen vertellen alleen dat Johannes de Doper rond het jaar 34 werd gedood door de viervorst Herodes Antipas.

DE HEMEL PARELMOER

Later vond ik dit versje van Willem Bilderdijk:

> Zoo elke dauwdrup parel was,
> Waar vond of schaap of runddier gras,
> En wy, wy menschen, melk en boter?
> Neen, stervling, roemt ge u wijs, Gods wijsheid is
> veel grooter.

HOOITIJD

Ik herinner me een zomerse logeerpartij bij verre familie in Hendrik-Ido-Ambacht, aan de Noord. Een achteroom pachtte daar een polder waar hij paarden hield en waarvan hij het hooi verhandelde.

In de schroeiende zomerhitte bestuurde ik de stapvoets rijdende tractor. Over mijn schouder zag ik mannen met bovenlijven die blonken van de zon en het zweet. Beurtelings bracht een drietal de hooibalen met één vloeiende beweging van hun hooivork omhoog. Boven op de wagen werden die door twee anderen vastgegrepen en telkens hoger opgestapeld.

DE HOOP

Apollo 11, de naam van de ruimtemissie (niet van het ruimteschip, hoewel dat onderscheid zelden wordt gemaakt) die op 20 juli 1969 als eerste op de maan landde.

Boot van Pesse, de oudste boot ter wereld (tussen de 9500 en 10.000 jaar oud), werd in augustus 1955 bij toeval ontdekt door een inwoner van het dorp Pesse bij Hoogeveen.

Karel Doorman, de schout-bij-nacht die het commando voerde over het Nederlandse eskader tijdens de Slag in de Javazee. Toen zijn eigen schip, de lichte kruiser Hr. Ms. *De Ruyter*, tot zinken werd gebracht, bleef hij aan boord om samen met haar bemanning ten onder te gaan. Zijn naam is verbonden aan twee vliegdekschepen en een fregat van de Koninklijke Marine. Het tweede vliegdekschip werd verkocht aan Argentinië en speelde, alvorens te worden gesloopt, nog een bijrol in de Falklandoorlog.

Haguro, zware kruiser van de Keizerlijke Japanse Marine, genoemd naar de berg Haguro, die tijdens de Slag in de Javazee de HMS *Exeter* en de Hr. Ms. *De Ruyter* tot zinken bracht. In mei 1945 ging de *Haguro* zelf ten onder nadat ze geraakt was door drie Britse torpedo's.

Halve Maen, de Nederlandse vlieboot die in 1609 onder bevel van kapitein Henry Hudson via de Faroeëreilanden, Newfoundland en Nova Scotia de haven van New York bereikte. Bij een Engelse aanval op Jakarta werd het schip door brand vernietigd.

Herald of Free Enterprise, een Brits autoveer dat op 6 maart 1987 voor de haven van Zeebrugge in anderhalve minuut kapseisde. De omvang van deze ramp – honderddrieënnegentig slachtoffers – werd datzelfde jaar ruimschoots overtroffen door de Filipijnse veerboot *Doña Paz*. Na een botsing met de olietanker *Vector* ging zij in de nacht van 20 december brandend ten onder. Daarbij kwamen drieënveertighonderdzesentachtig mensen om, een veelvoud van het aantal slachtoffers van de *Titanic*.
Hoop, schip dat samen met *Geloof*, *Liefde*, *Blijde Boodschap* en *Trouw* de Rotterdamse of Magellaanse Compagnie van de VOC vormde. Ze vertrok eind 1599 via Hawaï naar Japan en verging op 24 september 1600 in de Stille Oceaan.

IK LEG ME NU TE SLAPEN NEER

Dit is de vertaling van de variant van een klassiek kinderversje die verscheen in *The New England Primer* (1687-1690):

> Now I lay me down to sleep,
> I pray the Lord my soul to keep,
> If I shall die before I wake,
> I pray the Lord my soul to take.
> Amen.

Het deed me denken aan het liedje dat ik zelf ooit zong, de verkorte versie van het avondgebed van de negentiende-eeuwse dominee-dichter Jan de Liefde:

Ik ga slapen, ik ben moe,
’k sluit mijn beide oogjes toe,
Heere houdt ook deze nacht,
over mij getrouw de wacht.

De associatie tussen slaap en dood is van alle tijden: de oude Grieken stelden beide zelfs voor als tweelingbroers (Hypnos en Thanatos). Ook deze kinderversjes verbinden de slaap en de dood, al doet De Liefde dat indirect, via de nacht. De versjes zijn het product van de lange periode tot aan het einde van de negentiende eeuw waarin bijna elk gezin getroffen werd door kindersterfte. Zo beschrijft Wilhelmina Schweickhardt, de vrouw van Willem Bilderdijk, het onbegrip van haar zoontje Julius bij de dood van zijn broertje:

Als ik slaap, gy wekt my weder;
  En, toen broêr in ’t kistjen lag,
Maakte Moeder hem niet wakker,
  Maar hy sliep door nacht en dag.

Waarom, zeg my, lieve Moeder,
  Hield hy de oogjens altijd toe?
Wordt, die dood is, nooit weêr levend?
  Zeg dan, Moeder, zeg my hoe?

Vroeger verwezen deze versjes voor veel ouders en kinderen naar het Bijbelverhaal over het dochtertje van Jaïrus. Met haar handjes gevouwen boven de deken had het meisje de regels van een van beide zelf kunnen opzeggen, de avond voordat ze stierf. In de berijming van Nicolaas Beets, een andere negentiende-eeuwse dominee-dichter, verloopt haar opwekking als volgt:

“Het meisjen slaapt,” sprak Jezus mond;
Het sliep, want Hij zou ’t wakker maken;
Daar ging een spottig lachen rond,
Als zou het nimmermeer ontwaken.
Hij greep haar handtjen jong en teêr,
Zijn lippen weinig woorden spraken;
En ’t leefde weêr.

De dichter J.C. Bloem verwerkte het thema van de slaap en de dood al in zijn jongste verzen, zoals in ‘Slapen’: ‘Door de poriën van ’t doodmoe lijf / Zeeft de tijdelijke dood naar binnen.’ In ‘In memoriam’ ontleent hij aan het verschil tussen beide nog een zekere levenslust:

En voor altijd is mij bijgebleven:
Hoeveel stiller dood dan slapen is;
Dat het een daaglijks wonder is, te leven,
En elk ontwaken een herrijzenis.

In ‘Insomnia’, met de regels ‘Denkend aan de dood kan ik niet slapen / En niet slapend denk ik aan de dood’, is van dat ‘daaglijks wonder’ weinig meer over. Daar zijn de dagen slechts haperingen van een eindeloze nacht, en geeft de versmelting van lot en doel een schrijnend gevoel van vergeefsheid.

IRREALIS

De wens om zelf een ideale vrouw (of ideaal meisje) te kunnen maken is een hardnekkige mannenfantasie, afkomstig uit een donker woud van angsten en frustraties. Dit verlangen kreeg zijn klassieke vertaling in de mythe van Pygmalion en Galatea, die doorklinkt in het werk van Morton Bartlett en Claude Mulot.

Morton Bartlett was een fotograaf en grafisch vormgever die woonde en werkte in Boston. Hij werd op zijn achtste jaar wees, waarna een welgesteld echtpaar hem adopteerde. Pas na zijn dood kreeg Bartlett bekendheid als maker van vijftien levensechte, gipsen poppen waarvoor hij zelf de kleding maakte en die hij in verschillende poses fotografeerde. De poppen, twaalf meisjes en drie jongens, zijn ruwweg tussen de tien en achttien jaar oud, half zo groot als in werkelijkheid, en anatomisch tot in de perfectie gedetailleerd. Hoewel Bartlett ze – op één uitzondering na – steeds met kleren aan heeft afgebeeld, hebben zijn portretten een erotische lading, vergelijkbaar met de door Lewis Caroll gemaakte foto's van Alice Liddell.

Claude Mulot was een Franse schrijver en regisseur van komedies, horror- en pornofilms. Hij leerde het vak van Christian-Jaque en Claude Chabrol, en leverde een grote bijdrage aan de bloeitijd van de Franse erotische film. In zijn laatste pornofilm, *La Femme objet* (1980), bekritiseert hij de clichés van het genre. Nicolas, een schrijver van sciencefictionverhalen, fabriceert een robotvrouw als object voor zijn tomeloze driften. De robot (gespeeld door Marilyn Jess) keert zich tegen haar maker en weet de rollen ten slotte om te draaien. In de film figureert een speelgoedmodel van R2D2, de robot uit de film *Star Wars* (1977), dat zich ten slotte van Nicolas' bureau in de diepte stort.

INAUGURATIE

Mijn vader en grootvader werden beiden hoogleraar, de een in de biologie en de ander in de psychiatrie. De inaugurele rede van mijn grootvader ging over Linnaeus en heette *De worsteling om de naam* (1951). Door een fout was de gedrukte versie voorzien van de sciencefictiontitel *De worsteling om de maan*. Hij kon daar niet om lachen en liet de hele oplage vernietigen.

ISPAHAAN

In de jaren zeventig reisde Cees Nooteboom – met de schrik van de tuinman in de benen – naar Isfahan, in het Perzië van sjah Mohammad Reza Pahlavi. Hij schetst een schitterend beeld:

> 'De droom die een man droomt die in de woestijn leeft is een droom van oases, beschutting, bloemen, kleuren, genot, ruisend water. En zo is het – na de steen begrijp je de roos, na de roos verdraag je de steen. De verdorde wereld buiten, oneindig groot, sluit je weg en je maakt binnen, op tegels, koepels en tapijten de bloemen, de kleuren, de gratie die je buiten hebt ontbeerd.'

KOAN

De koan is een verhaaltje, vraag, dialoog of stelling waarmee de zenleerling fundamenteel aan het twijfelen wordt gebracht. Deze twijfel groeit uit tot het diepe besef 'dat alles wat je denkt te zijn en alles wat je denkt waar te nemen ongedeeld is'. Het bewustzijn van de kwaliteit van dit gebrek aan dualisme noemt Robert Pirsig, schrijver van *Zen and the Art of Motor Cycle Maintenance* (1974), 'verlichting'. Pirsig stelt dat die kwaliteit niet kan worden omschreven, want zij is een ervaring die aan het denken voorafgaat, vergelijkbaar met de ervaring van muziek.

De schrijver J.D. Salinger gebruikte de één-hand-koan als motto voor zijn verhalenbundel *Nine Stories* (1953). Het zenboeddhisme en het principe van de koan hadden een bepalende invloed op zijn literatuuropvatting. De verhalen en romans van Salinger zijn te beschouwen als een uiterste poging om de lezer door middel van de literaire ervaring te 'verlichten'.

Salinger leidde en Pirsig leidt nog steeds een teruggetrokken leven, beducht voor roem en bewondering. Voor zover bekend hebben ze elkaar nooit ontmoet. Met een variatie op een andere koan had die nietgebeurtenis als volgt kunnen verlopen.

Salinger benadert Pirsig. 'Als ik geen enkel ding meebreng, wat zeg je daarvan?' Pirsig zegt: 'Gooi dat weg.'

‘Maar Robert,’ zegt Salinger, ‘wat moet ik weggooien als ik niets meebreng?’
‘Sjouw het dan maar met je mee,’ zegt Pirsig.

LIEFDESLIEDJE

Wat is het verschil tussen de gevoelens die je beleeft en die je je verbeeldt? Kleiner wellicht dan goed is voor een ordelijk bestaan. Kun je je, als je jong bent, zodanig voorstellen wat het betekent om oud te zijn dat je je ook werkelijk oud gaat voelen, en omgekeerd? En binnen een vriendschap of een huwelijk: als je je verbeeldt dat je van elkaar vervreemdt, kan dat gevoel dan ook je relatie vernietigen?

En dan nog: kun je gelukkig worden door je te verbeelden gelukkig te zijn? Of beleef je geluk juist wanneer je je niets meer verbeeldt (en hoeft te verbeelden)? Is geluk zoiets als de toevallige verzoening met de werkelijkheid?

EEN LIJSTER LIGT IN VRIESKOU NEER

Dit is een vertaling van een nursery rhyme van Christina Georgina Rossetti uit 1893:

> Dead in the cold, a song-singing thrush,
> Dead at the foot of a snowberry bush, –
> Weave him a coffin of rush,
> Dig him a grave where the soft mosses grow,
> Raise him a tombstone of snow.

Deze dode vogel is een verre voorouder van de lijster die zich aan Jan Hanlo openbaarde, toen hij om 'half vijf 's morgens in April' de 'St. Louis Blues' floot.

MAAR IK HUIL
In 1994 typografeerde Judith van den Bos dit versje op een kassabon als onderdeel van haar eindexamen aan de Rietveld Academie.

MAISON L'HIRONDELLE MODES
'Maison L'Hirondelle Modes' is de naam van een verdwenen hoedenwinkel in Amsterdam-Zuid, op de hoek van de Van Baerlestraat en de Frans van Mierisstraat.

Kemp is de administrateur en dichter Pierre Kemp. Hij droeg altijd een zwart pak en noemde een van zijn dichtbundels naar het stalenboek van zijn kleermaker: *Standard Book of Classic Blacks*.

MALEFICIO
In de zomer van 1986 was ik voor het eerst in Venetië. Mij overkwam wat al vele anderen overkomen was, namelijk dat de stad zich voordeed als een persoonlijke bestemming. Door het verblijf in armoedige pensions in het Ghetto werd dat wonderlijke gevoel versterkt. Ik kocht de stadsgids van Lorenzetti, maakte lange wandelingen en at sandwiches op de steigers met uitzicht op de kerken en palazzi, en wat er zoal voorbij kwam varen.

Piazzetta
Op het Piazzetta staan twee hoge zuilen. Op de ene staat Sint Theodorus, op de andere de leeuw van Sint Marcus, het symbool van de stad. De leeuw wordt voor het eerst vermeld in 1293, volgens Lorenzetti is het de afbeelding van een mythologisch monster van Etruskische, Perzische of Chinese herkomst. De Venetianen hebben zich het toegeëigend door bronzen vleugels toe te voegen.

Palazzo Vendramin-Calergi
De componist Richard Wagner was een frequent bezoeker van Venetië. Na de première van zijn opera *Parsifal* (1882) huurde hij een verdieping van het zestiende-eeuwse Palazzo Vendramin-Calergi om in gezelschap van zijn vrouw, vier kinderen en personeel tot rust te komen. *Parsifal* was, in zijn eigen woorden, zijn 'laatste troef'. Een halfjaar later, op 13 februari 1883, overleed hij aan een hartaanval. Zijn lichaam werd in een zwartgedekte gondel uit de stad gevaren en begraven in de tuin van zijn villa in Bayreuth.

Campo San Giovanni e Paolo
De goudsmid, schilder en beeldhouwer Verrocchio won in 1583 de competitie voor een ruiterstandbeeld van Bartolomeo Colleoni, een huursoldaat die het bracht tot admiraal van de Republiek Venetië. Het beeld werd na de dood van Verrocchio afgegoten in brons en opgesteld voor de gotische Basilica dei ss. Giovanni e Paolo. In het interieur van de kerk bevinden zich de

grafmonumenten voor vijfentwintig dogen, en voor een andere legeraanvoerder, Marco Antonio Bragadin. Na de verovering van Famagusta door de Turken werd hij op legendarisch gruwelijke wijze vermoord. Over de aanleiding bestaat onduidelijkheid; Paul Morand suggereert in zijn herinneringen aan Venetië (*Venises*, 1971) een fatale botsing van culturen:

> 'De Venetiaanse admiraal begeeft zich naar de pasja die hem hoffelijk voor het diner heeft uitgenodigd. Met een schitterend escorte arriveert Bragadin op het festijn in de schaduw van een roodzijden parasol, een Aziatisch symbool van suzereiniteit. De pasja neemt zo hevig aanstoot aan deze belediging, dat hij Bragadin laat aanhouden voor ze van tafel opstaan; ze verminken de admiraal door zijn oren en zijn neus af te snijden.'

Het eindigde ermee dat de Turken hem levend vilden, waarna ze de lege huid opvulden met stro en de aldus gevormde ledenpop op een os lieten rondrijden.

De beeldhouwer John Massey Rhind maakte in 1916 in opdracht van de bierbrouwer Christian William Feigenspan een exacte kopie van het ruiterstandbeeld van Colleoni voor het Clinton Park in Newark, New Jersey.

Bij het paard van de Colleoni zag ik de knieheffing uit de finale van 'Awater': 'Zij zingt, zij tilt een knie, door stoom omstuwd.' Heeft Nijhoff die ook zelf gezien? Er zijn in zijn poëzie genoeg sporen van Italië aan te wijzen (hij heeft er rond 1920 enige tijd gewoond), maar Venetië komt nergens naar voren. Maar het is ondenkbaar dat hij de dogenstad links liet liggen.

Palazzo Venier dei Leoni
Sable (1958-1973) was een Lhasa Apso van Peggy Guggenheim. Ze erfde een fortuin van haar vader, die met de Titanic ten onder ging, en stichtte haar eigen museum in het Palazzo Venier dei Leoni. Het werd in de achttiende eeuw ontworpen voor de familie Venier, die het gebouw om onbekende redenen niet voltooide. Het verhaal gaat dat de Veniers een leeuw in de tuin hielden, maar het is aannemelijk dat de naam van het palazzo alleen verband houdt met de kalkstenen leeuwenkoppen aan de gevel.

Maleficio
De Campanile, de klokkentoren op het San Marcoplein, beschikt over een vijftal klokken waarvan de kleinste, de Maleficio (of Renghiera), de terechtstelling aankondigde van één of meerdere gevangenen tussen de zuilen op het Piazzetta.

MALLORY
George Mallory was een Engelse bergbeklimmer die leek voorbestemd voor de 'first ascent' van de Mount Everest. Met de elegantie van Vaslav Nijinsky bewoog hij zich langs steile hellingen. Mallory maakte als

tweede luitenant de Slag aan de Somme mee. Op grond van zijn oorlogservaringen ontwikkelde hij een obscuur verlangen naar heldendom en doodsgevaar.

Bij de derde Britse Mount Everest-expeditie, in 1924, deed hij samen met Andrew Irvine een ultieme poging om de top te bereiken. Toen beiden niet terugkeerden, ontstond de mythe van Mallory en Irvine als mogelijke bedwingers van de Everest. Met name Mallory belichaamde een Brits gevoel van superioriteit dat na het Zuidpoolfiasco van Robert Falcon Scott en de Eerste Wereldoorlog geen nieuwe blessures verdroeg.

Op 1 mei 1999 vond een Amerikaans-Brits-Duitse expeditie het gemummificeerde lichaam van Mallory. Het had een groot gat in het voorhoofd en twee breuken in het rechterbeen. Een filmpje van de spectaculaire ontdekking, met de geur van grafschennis, werd massaal bekeken op YouTube.

NAAR BASHO
Deze regels variëren op een bekende haiku van Matsuo Basho die woordelijk vertaald ongeveer betekent: ‘eerste winter-motregen, reiziger, mijn naam’.

Een bekende Engelse vertaling luidt:

> I’m a wanderer
> so let that be my name –
> the first winter rain.

‘Reizen’ heeft hier de bijbetekenis van ‘zwerven’, waardoor het bewustzijn van de ik-figuur gericht lijkt op een toekomstig doel én op het doelloze heden (de reiziger is een effectieve zwerver, de toerist een getrivialiseerde reiziger).

Door de wijze waarop iemand zich door het landschap beweegt, krijgt het betekenis. Tegelijkertijd wordt zijn of haar gemoedstoestand ook door de omgeving beïnvloed. Ineke Albers wijst in *De god van het lopen* (2013) op de ‘heilige geografie’ van Japan. In de Middeleeuwen bevonden zich in dat land talrijke gebieden met ‘bezielde bomen, stenen, watervallen en meertjes’ waarin pelgrims rondtrokken om in de wisselwerking met het landschap verlicht te worden. Misschien vormden dergelijke ‘pelgrimages’ voor hen de ideale synthese tussen reizen en zwerven, en had Basho die ervaring in gedachten toen hij deze haiku schreef.

ODE

De dichter Jan Greshoff was een scherp waarnemer van de vaderlandse burgerlijkheid, zoals die werd belichaamd door ‘De dominee, de dokter, de notaris, / Die denken dat uw dichter niet goed gaar is.’ Kort na de Tweede Wereldoorlog publiceerde hij ‘Rammelkast en rommelpot’. In de tiende strofe vergroot hij zijn karikatuur van Nederland tot een wereldbeeld:

> Vergun mij, Here, een enkle vraag
> Over Uw wereld en vandaag:

Behoort de kul tot uw project?
Hebt Gij ons de ergernis verstrekt

En tevens voor ons eigen best
Ons iedre vreugdekans verpest?

Hebt Gij de goudvink en de spie
De baas gemaakt van het genie

En loerend achter elk loket
Een aasgier met een bril gezet,

En mag maar iedre klamme klerk
De hand slaan aan Uw scheppingswerk?

Greshoffs gedicht is verweven met het vooroorlogse 'In Nederland...' van J.J. Slauerhoff: 'In Nederland wil ik niet sterven, / En in den natten grond bederven / Waarop men nimmer heeft geleefd.' en met de negentiende-eeuwse 'Boutade' van P.A. de Génestet: 'O saaie brij-moeras, o erf van overschoenen'.

OLÉ GUAPA

Op het hoogtepunt van de Semana Santa van Sevilla, de nacht van Witte Donderdag, wordt de 'Esperanza Macarena', de Heilige Maagd van de Hoop, door de leden van haar broederschap stapvoets door de straten gedragen. De inwoners van Sevilla schreeuwen haar luidkeels toe: 'Guapa! Guapa! Macarena: Guapa!'

De tango 'Olé Guapa' werd in 1937 geschreven door Arie Maasland die onder de naam Malando wereldwijd successen vierde met zijn orkest.

OPGAVE

De eerste regel verwijst naar 'Lied 25' uit de zangbundel van Johannes de Heer:

> Daar juicht een toon, daar klinkt een stem,
> die galmt door gans Jeruzalem;
> een heerlijk morgenlicht breekt aan:
> de Zoon van God is opgestaan!

Het werd geschreven door Eduard Gerdes, wiens bekendste gezang, 'Lied 33' bij De Heer, begint met de regels: 'Er ruist langs de wolken een lieflijke naam / Die hemel en aarde verenigt te zaam.'

Het lied 'van de maan' is 'Aan de maan' van de romantische dichter A.C.W. Staring:

> Toon ons uw luister, o zilveren maan!
> Rijs uit het meer.
> Lach den zwervenden scheepling aan.
> Straal op 's wandelaars donkere baan,
> in uw lieflijkheid neêr.
>
> Waar zonder hoop de Verlatene smacht,
> Schemere uw gloor.
> Waar na troosteloze afscheidsklagt,

Blij hereenen de minnenden wacht,
Breke uw glinstering door.

Schoon is de Dag, als zijn purpere gloed
Vorstelijk stijgt;
Als hij ZINGEND de ontwaakten groet!
Maar UW KOMST is den PEINZENDEN zoet,
Gij, die flonkert – en ZWIJGT!

In 2012 werd een partituur gevonden waaruit blijkt dat dit eigenlijk een liedtekst is (Staring was ook een verdienstelijk componist).

PALAZZO PITTI

Als gebouwen vijandig kunnen zijn, dan is het Florentijnse Palazzo Pitti een vijandig gebouw. Dat was tenminste mijn indruk toen ik de eerste keer voor de gevel stond. Tezamen met de wetenschap dat de Medici het samenspel tussen geld, macht en kunst hebben vervolmaakt en daarmee het verbond tussen schoonheid en goedheid misschien wel definitief verbroken, vormde die ervaring de aanleiding om de binnenplaats en de tuin te gebruiken als decor voor een oudtestamentische scène.

Het tafereel vormt het bloederige sluitstuk van het conflict tussen enerzijds de profeet Elia en anderzijds koning Achab en zijn vrouw Izebel. In eigentijdse termen ging het daarbij om de strijd tussen een orthodoxe en een vrijzinnige opvatting van godsdienst.

Omdat Achab, aangemoedigd door Izebel, zich op slinkse wijze de wijngaard van een zekere Naboth had toegeëigend, beval God aan Elia om hem en zijn vrouw hun gewelddadige dood aan te kondigen. Nadat de koning overeenkomstig deze voorspelling bij een veldslag was omgekomen, nam Izebel samen met haar zoons de macht in handen. Korte tijd later maakte een coup van de legeraanvoerder Jehu daaraan alweer een einde: hij liet moeder en zoons vermoorden om zelf koning te kunnen worden en de orthodoxie van Israël rücksichtslos te herstellen.

Zimri was net als Jehu een legeraanvoerder die koning werd door zijn koning om te brengen. Omdat zijn heerschapppij maar zeven dagen duurde, werd zijn naam de spotnaam voor moordende verraders.

DRIE PARTICULIERE READYMADES

In zijn *Autobiografisch woordenboek* (1963) schrijft Jan Emmens:

> '*Bang*. De grootste naïeviteit van iemand die bang is voor zichzelf, is te denken dat anderen hem niet zouden kennen als degene voor wie hij bang is.'

EEN PRINS

Prins Friso, de tweede zoon van prinses Beatrix en prins Claus, kreeg op 17 februari 2012 een ski-ongeluk, raakte buiten bewustzijn en overleed anderhalf jaar later in paleis Huis ten Bosch. Hij werd niet begraven in de Nieuwe Kerk in Delft, maar in Lage Vuursche. Bij de begrafenis ontbraken leden van het kabinet en de volksvertegenwoordiging.

Deze prins, die het recht bevocht om zijn eigen weg te gaan, dreigde door de tragische gebeurtenissen alsnog publiek bezit te worden. Hij raakte bekneld in het grote dilemma van de moderne monarchie: hoe kan een volk de vrijheid van het individu cultiveren, terwijl het de leden van zijn nationale symboolfamilie het recht ontzegt op hun eigen, even ondoorgrondelijke als feilbare leven?

REDE

Op 3 februari 1942 werd de marinewerf van Soerabaja gebombardeerd door de Japanse luchtmacht. Dat was de dag waarop mijn grootvader huilde. Hij heette Dingeman Bakker en groeide op in de omgeving van Alblasserdam. Toen zijn beide ouders bezweken aan tuberculose, werd hij opgevoed in het gezin van zijn oudste broer. Hij wortelde in het gereformeerde geloof en ontwikkelde zich tot een ernstige jongeman met 'harde handen'. Hij trouwde met Pietertje van den Berg; samen emigreerden ze naar Nederlands-Indië. Ze vestigden zich in Soerabaja, waar ze vier kinderen kregen: Lena, Gerrit, Truus en Elly.

Via de avondvaktekenschool klom hij op tot (hoofd) technisch ambtenaar bij de marine. Hij werkte op scheepswerven, in Nederland en Nederlands-Indië, en in de oorlog in Zuid-Afrika. Ook in zijn schaarse vrije tijd bouwde hij scheepsmodellen, onder meer van het passagiersschip *Oranje*.

Dingeman Bakker overleed op 22 mei 1958 'in de ouderdom van 63 jaar'. De tekst boven zijn rouwbericht komt uit de tweede brief van Paulus aan de Korintiërs: 'Mijn genade is u genoeg.'

Omdat ik werd vernoemd naar haar overleden echtgenoot, gaf oma Pietertje me in mijn eerste levensjaar een boek en een album met documenten en foto's. Het boek was *Koningen, scheepsbouwers en zeevaarders* door A. Vreugdenhil, dat Dingeman kort voor zijn overlijden cadeau kreeg van 'het personeel marine/ A.B.O.M.IJ'. Het album, een plakboek met een ringband en een gele kaft, lijkt inderhaast in elkaar gezet. Foto's, brieven en knipsels bieden een slordige blik op een leven dat werd bepaald door geloof en plichtsbesef, en door uitzonderlijke omstandigheden, waarvan de oorlog in alle opzichten de meest uitzonderlijke was.

In het gele album bevinden zich onder andere:
- Officiële foto's van proefvaarten en tewaterlatingen in Nederland en Zuid-Afrika.
- Snapshots van het bombardement op de marinewerf van Soerabaja: een brandende olietank, de geruïneerde bankwerkerij, een verwoest 'dok met jager', een half gezonken boot, de chaotische kade.
- Een aantal referenties, waaronder deze van Marine-

correspondent D. Mooldijk: 'De heren Bakker en Zaadnoordijk blonken bij deze hout-scheepsbouw zoozeer uit, dat zij al spoedig in 1943 naar Knysna werden overgeplaatst om de leiding te nemen in de aanbouw van Faitmiles, 110 voet lange houten M.L. (Motor Launches), gebruikt voor patrouillewerk. Een grote meubelfabrikant had de vervaardiging van deze booten in opdracht gekregen en aan beide Nederlandsche scheepsbouwkundigen werd de algehele leiding toevertrouwd.'

- Ansichtkaarten van Knysna en Kaapstad, een toeristische brochure voor George, The Wilderness en Knysna (Zuid-Afrika).
- Een Rode Kruis-bericht ('Message, not exceeding 25 words') van 14 juli 1943 aan Jannigje Bakker: 'Geliefde Zuster, Tot heden gezond. Lena getrouwd. Zestien maanden van huis. Geen bericht van Pietje met de kinderen. Gerrit krijgsgevangen in Japan. Blijf vertrouwen. Gegroet Dingeman Bakker.'
- Een paspoort, uitgegeven in Kaapstad op 5 oktober 1944, waarin een passagebiljet van Rotterdam naar Batavia op 18 september 1947 met het troepentransportschip *Indrapoera* en een 'movement order' van The Royal Netherlands Indies Army om met de HMS *Tromp* van Singapore naar Soerabaja te reizen.
- Een gelukstelegram, verstuurd door zijn zwager Luppo in 1945: 'Just received from Singapore: "PIETJE ELLY TRUUS SEMARANG LENA ATZE JO CHILDREN BATAVIA GERRIT MANILLA ALL GOOD HEALTH STOP"'. Lena was vlak voor de oorlog getrouwd met Atze.

Jo was de vrouw van Luppo en de zus van Pietertje.
- Een briefje van 2 februari 1948, van de Commissie van Administratie der Gereformeerde Kerk van Soerabaja: 'Zeer geachte Broeder, Hiermede zeggen wij U gaarne hartelijk dank voor Uw bijdrage ad *f* 500,- (vijf honderd Gulden) voor de Kerk over de bezettingstijd en Uw verlofperiode in Nederland.'
- Een menukaart van de M.S. *Sibajak* van vrijdag 24 december 1948, toen hij zijn laatste reis maakte van Indonesië naar 'huis'.

DE VIER SEIZOENEN

Dit versje werd schijnbaar opgetekend door een medewerker van het Meertens Instituut.

SCHATEILAND

De slotregels zijn ontleend aan *Het uur U* (1942) van Martinus Nijhoff. Het enjambement behoort tot de meest doeltreffende uit de Nederlandse poëzie.

De tuin is bij uitstek de omgeving waarin psychiater-dichter Rutger Kopland de melancholie cultiveert. Zijn gedicht 'Vertrek van dochters' resoneert met de regels van Nijhoff. Dit is daarvan de eerste strofe:

> Ze moesten inderdaad gaan, ik had het gezien
> aan hun gezichten die langzaam veranderden
> van die van kinderen in die van vrienden,
> van die van vroeger in die van nu.

DE VIJF SEIZOENEN

De seizoenen verbeelden het leven als een raderwerk van kleine en grote cycli van hoop, vervulling (en teleurstelling), reflectie, en afscheid en herinnering (en vergetelheid). Steeds groeit tussen de herfst en de winter het verlangen naar troost.

SMORZANDO

'Smorzando' is een aanwijzing om muziek weg te laten sterven, zoals aan het einde van het eerste deel van de Beethovensonate 'Opus 49 No.1'. *Smorzando* is ook de titel van de animatiefilm waarmee ik in 1988 afstudeerde aan de Rietveld Academie. De film is een verbeelding van het rijmpje 'Rozen verwelken, schepen vergaan, / Maar onze liefde blijft eeuwig bestaan.'

TERRA NOVA

De strijd om de Zuidpool werd op 14 december 1911 gewonnen door Roald Amundsen. De grote verliezer was Robert Falcon Scott, die drieëndertig dagen later hetzelfde punt bereikte. De overwinning van Amundsen was mede gebaseerd op zijn keuze voor sledehonden. Hij ging met tweeënvijftig exemplaren op reis, waarvan hij, eenmaal aangekomen op het Antarctisch plateau, een vierentwintigtal doodde om de overige te kunnen voeden.

Scott koos voor zijn expeditie voor de combinatie van sledehonden, Mantsjoerijse pony's en gemotoriseerde en handgetrokken sleden. Zijn voorkeur voor pony's berustte op een diepe Britse afkeer van het gebruik van sledehonden en op de ervaringen van Ernest Shackleton tijdens zijn eerdere poolreis. De dieren werden in Siberië gekocht door een Britse hondenhandelaar die zich liet afschepen met tweederangs exemplaren. Van de zeventien witte pony's – volgens Shackleton waren die sterker dan de zwarte – waarmee de expeditie begon, stierf de helft tijdens de voorbereiding. Dat was behalve aan hun gestel ook te wijten aan hun voeding. In afwijking van Shackleton gaf Scott de pony's een graanmengsel zonder vlees, terwijl juist dat laatste een onmisbare energiebron vormde. Door de transportproblemen moest het grootste voedseldepot achtenveertig kilometer noordelijker worden ingericht dan de bedoeling was, hetgeen de expeditie uiteindelijk fataal zou worden. Op 9 december, na een sneeuwstorm, werden de laatste, uitgeputte pony's afgeschoten. Blijkens een notitie van expeditiegenoot Edward Wilson werd hun verlies nauwelijks betreurd: 'Thank God the horses are now done with, and we begin the heavier work ourselves.'

Amundsen zette op de Zuidpool een kleine tent op. Aan de verlengde nok wapperden kleine vlaggen van Noorwegen en van de *Fram*, het schip waarmee Amundsen naar de Zuidpool voer. In de tent liet hij van alles achter: een sextant, een hypsometer (om de hoogte te meten op basis van het kookpunt van water), drie schoenenwarmers van rendierbont, een aantal kamiks (zachte eskimolaarzen van rendierbont) en wanten, en nog een paar kleinigheden. Ook legde hij daar een map met een brief aan de Noorse koning Hakon VII en enkele woorden aan Scott. De brief was bedoeld als bewijs van zijn overwinning, ingeval de terugtocht hem fataal zou worden. Maar Amundsen was op 25 januari alweer bij de *Fram*, met elf sledehonden.

'Heya' vormde omstreeks 1970 de aanmoediging voor nationale schaatshelden als Ard Schenk.

TROUW

Dat men alleen door trouw te zijn aan zichzelf goed en gelukkig kan leven, is een van de hardste doctrines uit het Rode Boekje van de individualisering. Want de ideologisering van zichzelf leidt onvermijdelijk tot de idealisering van zichzelf, waarbij de duistere kanten van het individu worden weggemoffeld. In de woorden van Georg Büchners Woyzeck: 'Ieder mens is een afgrond. Je wordt er duizelig van als je erin kijkt.' Of in de woorden van de journalist en muziek- en tv-recensent Marc Mijlemans: 'De mens is een duister, doodlopend straatje waarin, tegen muren aangedrukt, vele gangsters schuilen. Naaldhakken tikken iets van Jesus and Mary Chain op de kasseien. Straatlampen branden met de kracht van tbc-patiëntjes.'

VERWACHTING

In Antwerpen staat aan de kop van de Camille Huysmanslaan een monter, goudkleurig standbeeld van Huysmans, socialist, filoloog en voorvechter van de

Vlaamse Beweging. Zo op z'n sokkel leek hij me een voorbeeldige figuur, tot ik ergens las dat hij in de vroege jaren zestig had gepleit voor de sloop van het Brusselse Volkshuis van Victor Horta. Voor die schanddaad bestonden en bestaan geen zindelijke argumenten. Op de plaats van het Volkshuis, aan het Henri van der Veldeplein, staat nu een troosteloos gebouw van wel zesentwintig verdiepingen. De schamele resten van Horta's meesterwerk zijn te bezichtigen in zijn gerestaureerde Autrique-huis.

WINDHOND
Behoudens een enkele uitzondering heeft het surrealisme zich in Nederland niet vertoond. Dat hangt samen met het uitbannen van de katholieke folklore – vol van heiligen, wonderen en relieken – als bron van waardering voor het ongerijmde.

ZELFPORTRET ALS LOMBARDIJNS HARNAS
De titel verwijst naar een donker-metalen harnas in het kasteel van Monselice, in de Euganeïsche heuvels waar zich ook het sterfhuis van Petrarca bevindt. Het harnas was beduidend groter dan gebruikelijk omdat het werd vervaardigd voor een Lombardijnse ridder en de Lombardijnen over een bovengemiddelde lichaamslengte beschikten.

'Zeg ken jij de mosselman' is de negentiende-eeuwse vertaling van het Engelse liedje 'Do you know the Muffin Man'. Mosselmannen waren mosselvissers of -verkopers, wier nering in de loop der tijd is uitgegroeid tot multinationals 'in de schaal- en schelpdierenchranche'. Een van die bedrijven is Prins & Dingemanse uit Yerseke, dat mijn voornaam (met de toevoeging 'se') hanteert als de tweede helft van zijn merk. Het houdt zo de herinnering levend aan een naam die ooit veelvuldig voorkwam in Zeeland en op de Zuid-Hollandse eilanden, maar inmiddels dreigt uit te sterven. In 2013 werden nog drie jongens Dingeman genoemd, in mijn geboortejaar waren dat er twintig, en in 1948 en 1949 zelfs negenenveertig.

Wie een pan met mosselen opvoert, legt bedoeld of onbedoeld een relatie met het werk van de dichter en kunstenaar Marcel Broodthaers, zoals *Casserole et moules fermées* (1964).

De vrouw van zout is gemodelleerd naar de naamloze vrouw van Lot uit Genesis 19. Wanneer Lot met zijn gezin het verdoemde Sodom verlaat, wordt hen gemaand om niet achterom te kijken. Als zijn vrouw zich – menselijkerwijs – toch niet kan bedwingen, verandert ze in een zoutpilaar.

ZIJN HEERLIJKHEID

Het magisch realisme van Pyke Koch en Carel Willink, van F. Bordewijk en W.F. Hermans en van Martinus Nijhoff en Gerrit Achterberg wordt gedreven door een beredeneerd verlangen naar de ont-onttovering van de wereld.

Via *Oorlog en vrede* (1869) van Tolstoi begreep ik dat 'het gele huis' in het Frans ook gekkenhuis betekent.

ZONDAGSKIND

Ik heb een voorliefde voor het wisselvallige werk van Hendrik van Teylingen, zoon van een gereformeerd predikant die zich opwerkte tot president-curator van de Johannes Calvijn-stichting ('Mijn vader is dus de paus van het calvinisme hier te lande'). Met name de gedichten uit de periode tussen 1964 en 1973 zijn me bijgebleven. Een voorbeeld daarvan is 'Linda-Lou':

> Mijn Linda-Lou verblijft onthecht
> en roerloos in een gladde kist.
> Twee cent zijn op haar blik gelegd.
> Naar mij wordt, lees ik hier, gedregd.
>
> Men heeft haar lichaam opgevist
> onder Terhorne, in de mist.
> In kleine letters staat gezegd
> wat men vermoedt en zoal gist.
>
> Laat ze maar raden, Linda-Lou.
> We weten zelf het best hoe moe
> we elkaar waren – godnogtoe.
>
> Ik vouw mijn krant op en betaal
> twee Bokma's, telefoon en maal.
> Mijn hoed, mijn regenjas, mijn sjaal.

Later, toen Van Teylingen zich had aangesloten bij de Hare Krishna-beweging en zich Hayeshvara Das Adhikari noemde, leverde hij felle kritiek op zijn eerdere werk. Zo maakte hij in een interview korte metten met 'Linda-Lou':

> 'Dit gedicht is niets anders dan pose, die mooiheid en zo. Linda-Lou was een badpakkenmerk, herinner ik me nog. [...] Als ik dit lees, roept het heel weinig bij me wakker. Behalve de sfeer van grote troebelheid, uitzichtloosheid, ik wist totaal niet wat dit leven voorstelde, ronddwalen, koekeloeren, benauwd zijn. Dat was het. Linda-Lou is een gedicht dat is gemaakt uit pure onwetendheid.'

Van Teylingen hoort bij een 'verloren generatie' van dichters die eind jaren zestig, begin jaren zeventig debuteerden. Ook Gerrit Komrij, Gerard Reve en Hans Vlek horen daarbij, hoewel de eerste twee niet als verloren mogen gelden. Ze keerden 'grimlachend' terug naar traditionele vormen en namen zo enerzijds afstand van experimentelen als de Vijftigers, en anderzijds van ernstige traditionelen als Ida Gerhardt en Vasalis.

Overigens is het bij veronderstelde zondagskinderen zaak om de dag niet te prijzen voordat de avond is gevallen. Het juk van de gezegende kan mettertijd ondraaglijk blijken.

Voor zover deze gedichten samenhang vertonen, werd ik die voor het eerst gewaar op een vroege middag in het voorjaar van 1989 in Portugal, in de tuinen rond het Palácio Hotel do Buçaco. De combinatie van schaduw en stilte was weldadig. Ik zat op de verweerde rand van een vijver en zag in het water drie aspecten: het oppervlak, de diepte en de reflectie. Hoewel ze gelijktijdig en ondeelbaar aanwezig waren, kon ik ze afzonderlijk onderscheiden. Het oppervlak, dacht ik, is de vorm van het gedicht, het weefsel van klank en ritme. De diepte is de betekenis als een spinsel van associaties. En de reflectie is de persoonlijke dimensie, de mate waarin de dichter zich toont en spiegelt, en zijn woorden de lezer raken.

Later leerde ik hoe de taalkundige Roman Jakobson een verband legt tussen taal en communicatie. Hij koppelt de factoren van communicatie (context, ontvanger, zender, kanaal, code en boodschap) aan een specifieke functie van de taal. Voor de boodschap benoemt hij de poëtische functie. Daarmee legt de zender de nadruk op de keuzes die te maken hebben met de schoonheid – de kwaliteit – van de uitdrukkingsvorm. De poëtische functie is niet de exclusieve functie van poëzie, maar wel de meest bepalende: wat de dichter te zeggen heeft, ontleent uiteindelijk zijn belang aan 'de volmaakte alchemie' (J.C. Bloem) tussen vorm en inhoud.

Door Jakobson raakte ik doordrongen van het belang van poëzie als communicatiemiddel. Ik zag een verband tussen zijn denkmodel en mijn blik in de Portugese vijver. Het oppervlak komt overeen met de poëtische functie, de diepte verwijst naar de context en de spiegeling naar de zender en ontvanger. Wanneer de diepte troebel is, bijvoorbeeld vanwege verwijzingen naar historische, persoonlijke of literaire gegevens, wordt de lezer gedwongen om het gedicht eerst als een vraagstuk te objectiveren alvorens tot de kern te komen. Ik vroeg me daarom af of ik de context zelf kon verhelderen, met behoud van de ervaringsruimte van de lezer. Bij wijze van antwoord maakte ik de aantekeningen, nu eens feitelijk en dan weer associatief, die deze gedichten 'verklaren'.

* * *

Een deel van deze gedichten verscheen eerder in *De Tweede Ronde, De Derde Persoon* en *Sabel en Keel.* In de loop der tijd heb ik een aantal daarvan – gemerkt met een * – herzien (de oorspronkelijke titel staat tussen haakjes):

- *De Tweede Ronde* (1983-1985): De arke des behouds, Dédale* (Requiescat), Dit oude park als overschot, De fusilladeplaats, Zijn heerlijkheid* (Buitenplaats);
- *De Derde Persoon* (Gerrit Rietveld Academie, 1986): De arke des behouds, Dédale*, Dit oude park als overschot*, De fusilladeplaats, Maison L'Hirondelle

Modes* (Maison L'Hirondelle), Terra Nova*, Zijn heerlijkheid* (Buitenplaats);
- *Sabel en Keel* (Prometheus, 1991): Als een vogel sterft* (Naar I. Zjdanov), De arke des behouds, Bruegel: De val van Icarus, Caitwick, Daylesford, Dit oude park als overschot, Drie particuliere readymades* (Zelfportret als Strindberg), Engels, De fusilladeplaats, The Hare Is My Hatter, Irrealis* (Stelling), Een lijster ligt in vrieskou neer (Dead in the cold, a song-singing thrush), Maar ik huil, Maleficio* (De toerist, Campo San Giovanni e Paolo, Piazzetta), Olé Guapa, Palazzo Pitti*, Rede, Smorzando, Terra Nova* (Ach de zekerheid te sterven), De vier seizoenen (Vivaldi), De vijf seizoenen, Windhond, Zelfportret als Lombardijns harnas*, Zijn heerlijkheid.

Het citaat uit *De val* van Albert Camus ('Bruegel: De val van Icarus') werd vertaald door Anne Maclaine Pont; het citaat uit *Franny en Zooey* van J.D. Salinger ('De profundis') door Johan Hos; het citaat uit *Venetiës* van Paul Morand ('Maleficio') door Geerten Meijsing; het citaat uit *Inferno* van August Strindberg ('Drie particuliere readymades') door Cora Polet.

Bij het schrijven van de aantekeningen putte ik uit vele dierbare bronnen, zoals de interviewbundels *Scheppen riep hij gaat van Au* (1964) van H.U. Jessurun d'Oliveira, *Wat zij bedoelen* (1965) van J. Bernlef en K. Schippers, *De mens is een ramp voor de wereld* (1967) van Bibeb en *Dichters* (1980) van Johan

Diepstraten en Sjoerd Kuyper, de leerboeken *Poetry in the Making* (1967) van Ted Hughes, *Het maken van gedichten en het praten daarover* van Judith Herzberg (1977) en *Ik ben een napraatpapegaai* (1990) van Guus Middag, en het rijke commentaar van Paul Claes op 'The Waste Land' van T.S. Eliot in *Het barre land* (2007).

INHOUD

COLOFON

Boekverzorging Het Nieuwe Noorden

Copyright © Dingeman Kuilman 2014
www.dingemankuilman.com

ISBN 978 90 446 2601 8

www.uitgeverijprometheus.nl